남모르게 애쓴 시간들이 마침내 빛을 발하기를.
당신이 함부로 행복했으면 좋겠다.

프롤로그

비록 엉망진창이지만
다시 또 괜찮아질 거니까

엉망. 좀 더 정확히는 엉망진창.

살다 보면 누구나 한 번쯤은 모든 게 무너지고 망가지는 것 같은 날을 맞게 된다. 평소에는 아무렇지도 않던 일들이 유난히 버겁게 느껴지고 괜찮은 척 애써 보아도 한숨만 깊어지는 그런 시간. 하는 일마다 꼬이고 나아가기는커녕 외려 뒤로 밀려나는 것 같으며 매일을 억지로 버텨 내는 자신이 가엾게 느껴지는 그런 시간. 이처럼 간절히 원하지 않았음에도 불구하고 감당하기에 수월하지 않은 순간은 무작정 찾아온다. 엎친 데 덮친 격으로 이런 힘듦에 오래 머무르게 될수록 생활은 점점 더 피폐해지고 활력을 잃어버리게 된다. 그러다 더 안 좋아지면 걷잡을 수 없이 거대해진 내면의 공허함이 결국 삶의 이유와 의미에 대해 회의감을 가지도록 만든다.

하지만 알고 있을까. 그토록 흔들리면서도 당신은 여전히 지금도 잘 살아 내고 있다는 것을. 만만치 않은 하루 속에서도 한 걸음씩 담담히 내디디고 있다는 것을. 어쩌면 삶이란 때로는 넘어지고, 주저앉고, 헤매는 과정을 통해 자기 자신을 더 많이 이해하고 더 깊이 사랑하는 방법을 배우는 여정일지도 모른다. 물론 앞으로도 산다는 게 언제나 순탄하지만은 않을 것이다. 때로는 거센 바람에 밀리고, 예상치 못한 비에 젖고, 질척이는 진흙탕에서 빠져나갈 의욕조차 상실되는 시기가 올 수도 있다.

그러나 이런 모든 일들은 그저 지나가는 것일 뿐 당신의 전부가 아니다. 심란하고 복잡한 감정과 난해하고 고된 과정 안에서 하루하루를 가까스로 감당하고 있는 당신에게 꼭 말해 주고 싶다. 이미 충분히 잘 해내고 있다고, 한계를 느끼고 있다면 잠시 멈춰도 된다고, 때로는 너무 애쓰지 않아도 되고, 좀 엉망이어도 괜찮다고.

우리 늘 완벽한 사람이 되려고 하지 말고 빈틈을 인정하며 있는 그대로의 모습을 받아들이자. 필요하다면 세상과 한 발짝 떨어져 숨 고를 여유도 마련하자. 그렇게 홀로 짊어지고 있던 무게를 이제는 정말 덜어 낼 수 있기를 바란다.

부디 여기에 쏟아 낸 진심이 다시금 행복해질 결심을 한 당신에게 든든한 보탬이 되었으면 좋겠다. 그 마음에 단단한 용기를 더해 줄 수 있기를 이다지 소원하며 틀림없이 환한 미소를 되찾는 날이 어서 오기를 애정을 담아 응원한다.

작가 윤글

| 차례 |

프롤로그
비록 엉망진창이지만 다시 또 괜찮아질 거니까   6

1장

추스를 수 없는 감정이 있었을 테고

끊어진 관계에도
마음대로 놓을 수 없는 사람이 있다

마음이 아프다는 신호	22
맞지 않는 퍼즐	23
왜 모를까	24
정리해야 할 사람	25
늘 진다	26
이러니까 아플 수밖에	27
사랑이 조금만 더 다정했으면	28
수취인 불명	29
이별 후에 오는 것	30
이번 여름은 유독 무더울 거라던데	31
좋은 이별	32
마음에 담아 두지 않았으면	33
8할이었던 사람	34
해결되지 않는 어려움도 있다	35

이해하는 것과 서운해하는 것	36
사람은 쉽게 바뀌지 않는다	37
사랑 앞에서 비참해지지 않는 방법	38
더 좋은 일로 잊자	39
잊는다는 건	40
괜찮은 사람을 알아보는 방법	41
그물망	42
집착을 버리자	43
관계의 유효 기간	44
시절인연	45
좋은 사람이 될 것	46
소원	47
마음이 말을 듣지 않을 때	48
작은 균열을 조심해야 한다	49
다 맞춰 줄 필요 없다	50
사람 사이에서 독이 되는 것들	51
누군가를 미워하게 되면 나타나는 특징	52
그런 사람일 뿐이다	53
인간관계에서 필요한 마음가짐	54
자신에게만 관대한 사람	55
사람한테 지친 사람에게 필요한 말	56
2:6:2 법칙	57
관계의 끝	58
미워해 버린다	59

그만 정리하자	60
지쳤을 때 드러나는 증상	61
진심을 낭비하지 말 것	62
맞는 사람과 맞지 않는 사람	63
모든 말에 상처받지 말자	64
나르시시스트의 특징	66
왜 저럴까	68
내가 알아서 할게	69
하지 말라는 건 하지 말자	70
이 정도쯤이야	71
따뜻한 마음씨	72
소중함을 잃지 말자	73
좋은 게 좋은 거라고	74
마음을 아끼자	75
둔감하게 불행할 것	76
그만두는 게 낫다	77
그럴 만한 일이었다	78
관계를 정리하는 일	79
최고의 복수	80
조타를 틀자	81

2장

그만둘 수 없는 생각이 있었겠지만

끝나 버린 일에도
쉽게 잊을 수 없는 상황이 있다

염려하지 말 것	84
좋지 않은 걸 알지만	85
열심히 하지만 잘 따라 주지 않을 때	86
돌 틈 사이로 피어난 꽃	87
그래도 여기까지 잘 왔다	88
결국 체력이다	89
물러서기	90
보통의 삶	91
어떤 행복은 마음에 달려 있다	92
불행을 바라곤 한다	93
진정한 긍정	94
의미 없는 순간은 없다	95
또 배운 거다	96
더 나은 실수를 하면 된다	97

사이좋게 지내자	98
살아 볼 만한 삶이겠다	99
있는 그대로를 사랑할 수 있기를	100
중심을 잡아야 한다	101
최선의 다정함	102
어른은 그런 줄 알았다	103
유연하게 살기	104
내버려 두자	105
도망가자	106
버려야 하는 것들	107
일탈	108
비록 엉망이어도 괜찮은 이유	109
마음의 온도	110
종종 마음 들여다보기	111
하여튼 희한해	112
망하지 않았다	113
쉽게 무너지지 않으려면	114
마음에 밟혀서	116
마음이 마음의 주인을 지킨다	117
좋아질 거다	118
행복은 매일 있다	119
이렇게 살자	120
시선을 옮겨 보자	122
지지자	123

든든한 보호막	124
자존감을 챙기자	125
감정에는 다 이유가 있다	126
그래야만 했다	127
할 만큼 했으면 된 거다	128
그래야 늘게 된다	129
정해진 답은 없다	130
나이가 들수록 공감하는 것들	131
시차가 생기지 않게	132
15초	133
이루는 중이다	134
걱정하지 말자	135
결국 오더라	136
그냥 살아 봐야지	137
엉킨 하루도 괜찮다	138
조금만 간단해지자	139
정말 아무것도 아니다	140
뇌가 기억하는 하루를 만들자	141
모든 행복과 행운이 당신 것이기를	142
그래서 쓰는 글	143

3장

돌고 돌아 전부 다 나아질 테니

결국 좋은 날은
어김없이 찾아오게 되어 있다

보잘것없어 보여도	146
그때는 최선이었다	147
정말 원하는 것	148
저마다 구김과 얼룩이 있다	149
기분이 태도가 되지 않게	150
다른 선택지도 있으니까	151
파이팅	152
하루하루를 버텨 내는 방식	153
처음부터 멋진 어른은 없다	154
대인 관계를 병들게 하는 것들	155
더 나은 사람이 될 수 있게	156
사람은 자기가 사랑하는 것으로 사랑한다	157
그런 일도 있는 거다	158
회복력이 좋은 사람 특징	159

잘 다독이고 추스르자	160
부스러기	161
오뚝이 같은 사람	162
여전히 빛나고 있다	163
어쩌면 행복일지도	164
좀 나쁠 수도 있지	165
스스로를 망치고 있던 행동들	166
감정은 지나가고 진실은 남는다	167
움직이자	168
다른 걸 해야 달라진다	169
그냥 해야 한다	170
당신이 있어야 이 세계도 있다	171
줏대 있게 살자	172
필요한 결정	173
아닌 것 같다면	174
마음이 튼튼한 사람의 특징	175
일시 정지	176
지는 게 나을 때도 있다	177
그렇게 생각하는구나	178
모서리가 없는 사람	179
나중에 다 돌아온다	180
단단한 일상을 만드는 생각	181
나도 모르는데	182
쨩	183

그렇게라도 지키고 싶었나 보다 184
고이다 보면 위험해진다 185
언제나 알맞게 186
부단히 힘을 실어 주자 187
의외로 효과가 좋은 행동 188
자기애는 구원이다 189
잘 살아 내기 위한 진실들 190
헛된 수고가 아니다 192
고민 없는 삶은 없다 193
당장 버려야 할 걱정 194
실패해 본 사람이 성공할 수밖에 없는 이유 195
견디는 당신에게 196
말려들지 말자 197
기울어지지 말자 198
나중에 후회하지 않으려면 199
뜻밖의 좋은 일이 생길 거다 200
오늘도 살리는 중이다 201
하물며 당신은 오죽할까 202
곧은 마음으로 203

4장

혼자서 너무 오래 헤매지 않기를 바란다고

지나간 것은 그저 지나간 대로
둘 수 있기를 바란다

그럴 만한 일이다	206
마음의 날씨 맑음	207
잘 순환하고 있다	208
더 자주 웃으며 지내자	209
긍정적인 인생을 사는 방법	210
지금의 우리는 다시 오지 않는다	213
비밀이 하나 있는데	214
이유 없이 머무르는 말은 없다	215
좋아하는 게 있어야 한다	216
좋은 기억 하나로 평생을 산다	217
만화 영화	218
단단한 마음	219
할머니가 늘 하시는 말	220
엄마가 당부했던 것들	221

아빠가 알려 준 미움받지 않는 방법	222
온실 안의 꽃처럼	223
자존감 충전	224
방전된 거다	226
스스로를 지켜야 한다	227
더 어릴 때 알았다면 좋았을 것들	228
흙탕물	229
그런 내가 되었다	230
속이 말이 아니었겠다	231
사람이 어렵다	232
일종의 애정	233
좋은 말도 과하면 오히려 독이 된다	234
내 사람들	235
인연들에게	236
서로 좋으면 됐지	237
지금 이 기분	238
말을 예쁘게 하는 사람	239
다정한 사람	240
15번	241
하루하루 최선을 다해서	242
모든 것은 생각하기 나름	243
삶이 늘 고속도로일 수는 없으니까	244
터널을 지나가는 중	245
작은 평화	246

여우비	247
행복의 전조 증상	248
기대할 만한 일을 만들자	249
점점 더 잘 풀리는 사람의 특징	250
이미 눈부시게 빛나는 사람이지만	251
세상이 보낸 시그널	252
그만하면 됐다	253
당신과 당신의 소중한 사람들에게 일어날 일들	254
과일처럼	255
1/4 영원	256
제일 행복한 우주 먼지가 될 것	257
잘 잤으면 하는 마음	258
사랑한다는 말의 다른 표현들	259
한강 위의 윤슬처럼	260
데칼코마니	262
행복도 습관이 될 수 있게	263
좋은 밤 좋은 꿈	264
이제는 웬만큼 다 안다	265
쉽지는 않겠지만 그래도	266
고생 많았다	267

에필로그
함부로 행복할 것   268

1장

추스를 수 없는 감정이 있었을 테고

끊어진 관계에도
마음대로 놓을 수 없는 사람이 있다

마음이 아프다는 신호

꼭 무슨 구체적인 병명을 진단받아야만 마음이 아프다는 걸 알까. 피로감이 늘고, 기운이 없고, 식욕이 줄고, 의욕을 잃고, 말수가 잦아들고, 웃음이 사라지고, 우울함이 길어지고, 눈물이 나고, 밤늦게야 겨우 잠드는 것. 이 모든 게 전부 지금 마음이 다쳤다는 다른 표현인 거지. 그러니까 안정을 취해야 할 때는 억지로 괜찮아지려고 하지 말고 잠시라도 다 내려놓고 좀 쉬었으면 한다. 무리해서 좋을 것은 하나도 없다. 마음이 보내는 신호를 가볍게 여기지 말자.

맞지 않는 퍼즐

그 사람과 내가 맞지 않는 퍼즐이라는 것을 인정하기까지 참 오랜 시간이 걸렸다. 전혀 몰랐던 건지 아니면 누구보다 잘 알았으면서도 애써 부정했던 건지. 이별에는 결단력이 필요하다. 운명이 아님을 받아들이고 돌아설 수 있는 그런 강단이. 늘 부족해서 문제지만.

왜 모를까

 왜 모를까. 관계는 함께 애써야 한다는 것을. 일방적인 노력으로 유지하는 게 정말 어렵다는 것을. 지금 생각해 보면 그 사람의 진심은 그냥 거기까지였던 거다. 그러니까 더 마음 아파하거나 더 자책하지 않아도 되는 일인 거다. 이런 아픔이 시간이 지난다고 해서 아예 없던 일이 되지는 않겠지만, 어느 정도는 없었던 것처럼 생활할 수 있게 된다. 떠난 사람을 붙잡지 말고 변한 상황을 탓하지 말자. 그냥 벌어진 일이고 그동안 그랬던 것처럼 또 자연스레 지나가면 된다.

정리해야 할 사람

1. 필요할 때만 연락하는 사람.
2. 우울한 이야기만 늘어놓는 사람.
3. 모든 것을 부정적으로 대하는 사람.
4. 답을 정해 놓고 대화를 하는 사람.
5. 남의 말을 전혀 듣지 않는 사람.
6. 받는 것을 당연하게 여기는 사람.
7. 자기 것만 중요하게 생각하는 사람.
8. 수시로 거짓말을 일삼는 사람.
9. 약속을 거의 지키지 않는 사람.
10. 잘못을 절대 인정하지 않는 사람.

늘 진다

 '없는 사람이다', '지워야 할 이름이다', '지나간 일이다', '돌이킬 수 없는 현실이다', '끝난 사이이다', '멀어져야 하는 인연이다'라고 오늘도 되뇐다. 그러면서도 늘 진다. 조금의 이변도 없이 번번이 진다. 그 사람과 함께한 시절의 나를 이겨 본 일이 없다. 앞으로도 그렇게 크게 다를 것 같지는 않고.

이러니까 아플 수밖에

인간의 뇌는 본래 구조적으로 이기적인 존재라고 한다. 그래서 타인을 위해 헌신하고 희생하면서까지 마음을 쓰는 게 사실은 아주 어려운 일인 거다. 그런데도 우리가 서로에게 애정을 나누며 살아갈 수 있는 이유는 뇌가 사랑하는 사람을 '나'의 일부로 인식하기 때문이라고. 좋아하는 대상을 위해 '자기'의 개념을 확장해 온 거다. 여실히 진정한 사랑은 상대방을 자신만큼이나 아끼는 일이었다. 이러니까 아플 수밖에. 자신의 일부를 잃었으니 그토록 아릴 수밖에.

사랑이 조금만 더 다정했으면

'아프지 말고 더 좋은 사람 만나'라는 말이 왜 이렇게 서러울까. 왜 이렇게 가슴이 아프고 눈물이 날까. 이 이별에 대해 나는 무엇 하나 대비한 게 없는데 그 사람은 이미 떠날 준비를 마친 것 같아서. 그래 놓고 잘 지내라니. 그래 놓고 행복하라니. 우리는 어쩌다 이렇게 된 걸까. 도대체 어디서부터 어떻게 어긋난 걸까. 사랑이 나에게 조금만 더 다정했으면 좋겠다. 관계를 정리하는 일에 무심하고 무덤덤한 것처럼 보여도 실은 되게 무서워하고 곧잘 무너지는 사람이라서. 무작정 아닌 척, 괜찮은 척을 하지만 알고 보면 무기력한 하루를 간신히 버텨 내는 사람이라서. 감당할 수 있을 만큼만, 자책하지 않을 만큼만 힘들었으면 좋겠다.

수취인 불명

 그때로 다시 돌아가더라도 나는 곧바로 같은 선택을 하겠지만 우리 지금은 너무 늦었다. 그렇지? 왜 너랑은 항상 뭐가 이렇게 다 어긋날까. 비록 내 진심은 여전히 네게 한참 모자라겠지만 덕분에 넘치도록 행복을 채울 수 있었어. 나빴던 날들이 우리가 가진 전부였다면 이런 시간쯤은 일도 아니었을 텐데, 하필이면 좋았던 날들이 유난히 빛나서 마음이 참 가난한 밤이야. 그냥 마지막으로 바라는 게 있다면 다른 건 몰라도 부디 우리가 서로의 자리에서 더 잘 지냈으면 좋겠다. 괜찮은 사람 만나서 잘 살아. 나도 그럴게. 그러면 됐지.

이별 후에 오는 것

 길을 잃은 것 같은데 어디서 길을 잃었는지도 알 수 없는 하루의 끝. 파도도 아니면서 셀 수 없이 부서지는 마음을 숨기고 싶다. 감춰서 감춰지면 좋겠는데 어떤 감정은 기어코 방파제를 넘어온다. 웬만치 버틸 줄 알았던 마음은 속수무책으로 무너졌고 그런 상황이 이제는 놀랍지도 않다. 한바탕 격동의 감정이 지나간 자리에는 유난히 오랜 정적이 흐른다. 그 적막 속에서 솔직함을 토로했다. '상처받는 게 무서운 게 아니야. 이러다가 이별에 무감각해질까 봐 그러지.' 한동안 지나간 사람과 사랑을 생각했다. 아이러니하게도 가장 크게 흔들린 날이 나를 가장 선명하게 만들었다.

이번 여름은 유독 무더울 거라던데

  길었던 겨울이 지나고 아직은 좀 서툰 봄을 지내고 있다. 혹독했던 추위가 가시고 지금쯤이면 좀 괜찮아지길 바랐는데 생각보다 그게 쉽지 않다. 이번 여름은 엄청 길고 더워서 힘들 거라는데 나는 더 힘겨운 마음으로 그런 계절을 기다려야 할 것 같다. 조금씩 나아지는 중이라고 믿고 싶은데 어느 날은 그 믿음조차 흔들리고 괜찮은 척을 하느라 하루가 금세 닳아 버리기도 한다. 큰일이다. 지나간 것은 지나온 곳에 두고 와야 하는데 그걸 알면서도 마음은 점점 무거워지기만 한다.

좋은 이별

잘 돌아섰다. 이유가 없는 이별은 없으니 잘 헤어진 거다. 한 사람을 보내며 또 사랑을 배웠고 전보다 더 성숙해진 거다. 어쩌면 앞으로도 이런 아픔을 몇 번 더 반복해야 할 수도 있다. 그래도 누군가를 탓하거나 미워하지는 말자. 지나고 보면 버거웠던 모든 순간도 결국 나름의 의미를 남기더라. 그리고 최선을 다해 살아가다 보면 어느 틈엔가 운명이 나타날 거다. '아, 내가 이 사람을 만나려고 이토록 힘들었나 보다'라고 느껴지는 존재가.

마음에 담아 두지 않았으면

잃은 것보다 얻은 게 더 많았던 시절로 기억되었으면 좋겠다. 행여나 나빴던 일이 있었다면, 그건 그저 운이 좋지 않았을 뿐이지 당신이 하찮거나 잘못해서 벌어진 일이 아니다. 지난 일은 묻어 두고 앞으로 더 행복해지면 된다. 심히 괘념치 않았으면. 전부 당신의 탓이 아니었다는 걸 이제는 스스로가 가장 잘 알아주었으면 좋겠다.

8할이었던 사람

    그 사람은 알까. 요즘 날이 좋아서 나들이 다녀오기 괜찮겠다는 말, 너는 그 옷이 참 잘 어울린다는 말, 소문난 식당이 근처에 새로 문을 열었다는 말, 요새 괜찮아 보여서 다행이라는 말, 시간이 늦었으니 집에 데려다주겠다는 말, 칠칠하지 못하게 요새 누가 감기에 걸리냐는 말, 문 앞에 약 놓고 가니까 자기 전에 잊지 말고 챙겨 먹으라는 말, 네가 아픈 게 싫다는 말 등등. 이 전부가 사랑이었다는 것을. 그 사람을 떠올리고 있으면 애틋한 생각들이 마음의 문을 수시로 두들긴다. 그 사람은 알까. 그때의 당신이 한때 나의 8할이었다는 것을. 하긴, 알았더라도 우리는.

해결되지 않는 어려움도 있다

 시간이 지난다고 모든 아픔이 낫는 것은 아니다. 오히려 어떤 상처는 점점 더 덧나기도 한다. 제법 아문 것처럼 보여도 거듭해서 속절없이 아파해야만 하는 과거도 있다. 그래, 시간이 흘러 더 자란 내가 해결하지 못하는 어려움도 있는 거다. 그렇지만 돌고 돌아서 결국 마음이 안정되었으면 좋겠다. 언젠가 방긋 미소 지을 수 있는 해피 엔딩이기를. 그 결말 하나만 믿고서 이렇게 험난한 과정을 겪어 내고 있다.

이해하는 것과 서운해하는 것

  이해하는 것과 서운해하는 것은 서로 다르게 놓고 봐야 한다. 전자는 상대의 사정이나 형편을 객관적으로 받아들이는 과정이고 후자는 미처 가시지 못한 응어리를 감정적으로 드러내는 과정이다. 그렇기에 이해한다고 해서 반드시 서운함이 사라지는 것은 아니고, 서운함이 남아 있다고 해서 무조건 이해하지 못하는 것도 아니다. 이렇게 두 마음이 공존할 수 있다는 사실을 인정하면 인간관계를 좀 더 수월하게 풀어 갈 수 있다.

사람은 쉽게 바뀌지 않는다

'도대체 왜 저러는 걸까?'라는 생각은 너무 길게 가져가지 말자. 그 사람은 오랜 시간 동안 그렇게 자라 왔고, 살아왔기 때문에 당신이 아무리 안간힘을 써도 단기간에 바꿔 놓는 것은 현실적으로 역부족이고 거의 불가능에 가깝다. 그래서 그 사람으로 인해 벌어진 일에 더 이상 애쓸 필요 없다. 잊고 싶다고 해서 있었던 일이 갑자기 없었던 일이 되지는 않으니 차라리 마음을 다잡고 '세상에 저런 사람도 있구나' 하고 넘기는 편이 낫다. 가치가 없는 사람과 상황에 시간을 들이고 의미를 부여하며 감정을 낭비하다 보면 손해는 오롯이 당신의 몫이 될 뿐이다.

사랑 앞에서 비참해지지 않는 방법

1. 끝내 사라질 것들에 아낌없이 애정을 쏟기.
2. 그것들이 내 삶의 일부임에 고마워하기.
3. 놓아줄 때가 되면 미련 없이 놓아주기.
4. 그리울 때면 주저 말고 그리워하기.
5. 변해 버린 현실을 덤덤히 받아들이기.

더 좋은 일로 잊자

 상처받은 마음을 원래 상태로 되돌릴 수 있는 가장 확실한 방법은 나를 다치게 한 사람을 찾아가서 끈질기게 따지며 사과를 요구하거나 상황을 붙잡고 처음부터 없던 일로 만들기 위해 안간힘을 쓰는 게 아니다. 그저 밥 잘 챙겨 먹고, 잠 잘 자고, 해야 할 일 차근차근 소화하면서 내 사람들과 행복한 시간을 보내는 것. 그리고 무엇보다 스스로 정성을 다해 보살피는 것이다. 우리 나쁜 일은 더 좋은 일로 잊자. 그렇게 지난 아픔은 흘려보내고 그 빈자리는 다시 소중한 순간으로 채워 가면 되는 거다.

잊는다는 건

 잊는다는 건, 있었던 것을 끄집어내는 과정을 거쳐야 하는 일이다. 다친 부분을 드러내어 소독하고, 약도 발라야 한다. 계속 덮어 두기만 하면 상처는 곪고 이내 고름이 생길 테니까. 물론 자연스럽게 낫는 경우도 있지만 애초에 그럴 상처였으면 이렇게까지 아파하지도 않았을 거다. 누군가를 마음에서 지워 낸다는 건 결코 쉽지 않다. 그 과정을 감당하다 보면 무수히 무너질 수도 있고, 때로는 회복이 더뎌질 수도 있다. 오히려 시간이 지날수록 나빠지고 있다고 느껴질 수도 있다. 그렇지만 어느 시점이 지나면 그 아픔은 반드시 무뎌질 거다. 비록 지난 기억들이 조금의 흔적도 없이 사라지지는 않겠지만 마침내 그 흉터를 차분히 마주하게 되는 날이 올 거다. 잊는다는 건 그런 거다.

괜찮은 사람을 알아보는 방법

1. 상대의 이야기를 귀 기울여 듣는다.
2. 자신과 다른 생각을 존중한다.
3. 이해하고 공감하는 능력이 좋다.
4. 자신의 감정을 다룰 줄 안다.
5. 갈등 상황을 지혜롭게 해결한다.
6. 약속을 가볍게 생각하지 않는다.
7. 말과 행동에 책임을 진다.
8. 균형이 잡힌 인간관계를 유지한다.
9. 꾸준히 자기 발전을 위해 노력한다.
10. 긍정적인 마음으로 생활한다.

그물망

 사람의 마음은 상상 이상으로 정교하고 탄탄하다. 그래서 구멍이 날수록 맥없이 무너져 버리는 게 아니라 그물망처럼 더 많은 것들을 품을 수 있게 된다. 하지만 가끔은 그 틈 사이로 일부가 빠져나가는 일도 생긴다. 당연히 속상하겠지만, 그럴 때는 그냥 홀가분히 보내 주자. 애써 붙잡아 두더라도 이내 떠날 운명이었을 거다. 애초에 당신의 인연이 아니었을 거다. 결국은 신경 쓰지 않아도 될 존재였을 거다. 멀어진다고 해서 전부 슬퍼해야만 하는 것은 아니므로 개의치 않아도 된다.

집착을 버리자

 살다 보면 인간관계가 전반적으로 정리되는 시기가 온다. 환경이 변하고 생각이 달라지면서 사이가 서서히 멀어지거나 완전히 끊어지기도 한다. 그러나 이를 단순히 부정적으로만 보지 않기를 바란다. 서운하고 속상할 수 있지만 이 과정이 오히려 새로운 인연을 만날 계기가 될 수도 있기 때문이다. 인연에 대한 지나친 집착은 과감히 내려놓자. 분명 더 좋은 사람이, 더 나은 상황이 당신을 기다리고 있다.

관계의 유효 기간

 인간관계가 참 신기하다. 가깝다고 생각했던 사람이 정작 뒤에서는 내가 망하기를 바란 적도 있었고 멀다고 생각했던 사람이 뜻밖에 나타나 내게 큰 힘이 되어 준 적도 있었다. 정말이지 알다가도 모를 일이다. 어쩌면 관계에 유효 기간이 있다는 말이 사실일지도 모르겠다.

시절인연

'시절인연'이라는 말이 있다. 모든 만남에는 다 적절한 때가 있다는 거다. 우리가 누군가를 만나게 되는 게 단순한 우연은 아니겠지만 그렇다고 영원한 인연이라고 할 수도 없다. 그러니까 어떤 관계가 끝났다고 해서 너무 아파하거나 슬퍼하고 원망거나 미련을 갖지 말자. 지난 일은 지나간 대로. 좋았던 기억만 잘 간직하면 된다. 그러면 된다.

좋은 사람이 될 것

 사람은 함께하는 이들의 색을 닮아 가고 그 안에서 경험하는 것들은 마침내 한 개인을 이루는 일부가 된다. 그래서 되도록 좋은 사람들 곁에 있으려고 노력해야 한다. 좋지 않은 사람들 주변에 있다 보면 어느새 그들을 닮아 가는 자신을 발견하게 될 테니까. 그리고 더 나아가 누군가에게 좋은 사람이 되자. 그래서 괜찮은 사람들이 당신 옆에 머물 수 있게. 그렇게 따뜻한 생각과 감정이 당신에게 스며들 수 있게.

소원

   어떤 한 사람을 완전히 이해할 수는 없지만 온전히 사랑할 수는 있다. 그런 사랑을 만나서 배꼽이 빠질 정도로 웃기도 하고, 씩씩거리며 티격태격 다투기도 하고, 목이 메어 엉엉 울기도 하고, 세월아 네월아 게으름도 피우면서 어디 하나 아픈 데 없이 함께 멋진 할아버지, 할머니가 되는 게 인생에서 가장 바라는 소원이다. 이런 바람이 어떻게 보면 평범하지만 또 어떻게 보면 그 사람과 써 내려갈 수 있는 가장 특별한 이야기가 되지 않을까.

마음이 말을 듣지 않을 때

1. 지금의 감정을 있는 그대로 받아들이기.

2. 스트레칭으로 긴장을 완화하기.

3. 신체 활동을 통해 묵은 스트레스를 비워 내기.

4. 좋아하는 취미로 작은 행복을 채우기.

5. 자연 속에서 시간을 보내며 여유를 되찾기.

6. 소중한 사람들과 함께하며 따뜻한 교감을 나누기.

7. 당연하게 여겼던 일상 속 순간에 감사하기.

8. 하루의 끝에서 스스로에게 다정한 응원 건네기.

9. 양질의 수면과 충분한 휴식을 취하기.

10. 혼자 감당하기 어렵다면 전문가의 도움을 받기.

작은 균열을 조심해야 한다

  작은 균열이 건물 전체를 무너트리듯이 인간관계에서도 틈이 생기는 걸 경계해야 한다. 상대로 하여금 '이 사람에게는 내가 별로 중요하지 않구나', '내가 없어져도 이 사람은 크게 달라지지 않겠구나'라는 생각을 하게 한다면 실제로 그 관계는 이미 무너지기 시작했다고 볼 수 있다. 무엇이든 어느 날 갑자기 끝나는 것은 없다. 단절을 바라는 게 아니라면 전조를 미리미리 파악하고 착실히 보완해야 한다. 그럴 의지나 노력이 없는 사람에게는 구태여 애먼 감정을 소모할 필요와 이유가 없다.

다 맞춰 줄 필요 없다

어떤 사람은 그래서 당신을 좋아하고 다른 어떤 사람은 그래서 당신을 싫어한다. 이처럼 세상 모든 사람의 입맛을 하나하나 다 맞추는 것은 결코 쉽지 않다. 그러니 가까이 둘 사람에게는 더 잘하고 멀리 둘 사람에게는 그러려니 하자. 결국 인간관계도 하나의 일이다. 약속은 노력이고, 대화는 성의이며, 예의는 배려이고, 다정은 정성이다. 우리 너무 피곤하게 살지는 말자. 굳이 그러지 않아도 될 사람에게까지 감정을 낭비하지 않아도 된다.

사람 사이에서 독이 되는 것들

비교: 주변을 좀 봐라. 너 같은 애가 있니? 없니?

판단: 너 정말 문제 많다. 그걸 스스로 모르겠어?

비난: 넌 도대체 누구를 닮아서 그렇게 한심해?

강요: 좋은 말로 할 때 똑바로 좀 하자. 안 그러면 피곤해진다.

회피: 결정은 네가 했으니까 책임도 네가 져야지.

무시: 네가 여기서 한 게 뭐가 있다고. 네가 뭘 알긴 알아?

조롱: 진짜 웃긴다. 네 머릿속에는 도대체 뭐가 들어 있는 거야?

당연시: 나 때는 어땠는지 알아? 이게 어려워?

합리화: 다 널 위해서 하는 말이야. 오히려 감사해야지.

가스라이팅: 너는 잘 모르니까 그냥 내가 하라는 대로 하면 돼.

누군가를 미워하게 되면 나타나는 특징

1. 부정적인 감정을 빈번하게 느끼고 화나 짜증이 쌓인다.

2. 대화를 피하거나 짧고 무뚝뚝한 응답을 한다.

3. 상대의 말, 행동, 생각, 감정에 예민해지고 실수에 크게 반응한다.

4. 긍정적인 면은 잘 보이지 않고 단점만 유독 눈에 들어온다.

5. 그 사람을 떠올리는 것만으로도 불안하거나 스트레스를 느낀다.

6. 좋지 않은 소문을 퍼뜨리거나 험담을 한다.

7. 관심이 현저히 줄어들고 철저히 무관심해진다.

8. 갈등의 골이 깊어지고 대립적인 말과 행동이 잦아진다.

9. 정서적인 거리가 멀어지고 마음의 벽이 생긴다.

10. 가능하면 마주치지 않으려고 하고 만나는 일 자체를 꺼린다.

그런 사람일 뿐이다

 음식이 싱거우면 간을 맞출 수 있는 무언가를 찾듯이 자기 인생이 따분하니까 남의 인생에서 흥미로운 것을 찾으려고 기웃거리는 거다. 트집을 잡을 것은 없는지, 빌미로 삼을 것은 없는지 당신이 망가지고 무너지기를 은근히 기다리고 있는 거다. 그러니까 흔들리지 않았으면 한다. 관심을 주지 말고 그냥 굳세고 강인하게 당신이 원래 가고 있던 길을 마저 걸어갔으면 좋겠다. 생각해 보면 사람은 자기가 진심으로 느끼지 않는 이상 좀처럼 변하지 않는다. 남이 변화시키려고 할 때는 더욱 그렇다. 그러므로 이해되지 않는 그 사람의 모습 때문에 속을 태우지 않았으면 좋겠다. 여태 그렇게 살아왔고 앞으로도 그럴 테니까. 받아들일 수 없는 감정을 억지로 욱여넣으며 힘들어하지 않아도 된다. 그냥 그런 사람일 뿐이다.

인간관계에서 필요한 마음가짐

1. 가까울수록 더 조심하기.
2. 편해져도 지킬 부분은 꼭 지키기.
3. 때때로 적당한 거리를 유지하기.
4. 혼자만의 시간을 잃어버리지 않기.
5. 상대방의 말을 경청하기.
6. 입장을 바꿔서 생각하기.
7. 다름을 받아들이기.
8. 갈등을 건강하게 해소하기.
9. 잘못한 게 있다면 사과하기.
10. 고마운 게 있다면 표현하기.

자신에게만 관대한 사람

 사람은 누구나 실수와 잘못을 할 수 있다. 그러나 괜찮은 사람과 괜찮지 않은 사람은 이후의 대처 방식에서 나뉜다. 자신의 과오를 시인하고 용서를 구하며 반성하는 사람이 있는가 하면 마치 전혀 몰랐던 것처럼, 아예 없었던 일처럼 어물쩍 넘어가려는 사람이 있다. 전자라면 다행이지만 후자는 대개 열에 아홉은 별로였다. 남에게는 엄격하고 자신에게는 관대한, 굳이 필요 이상으로 가까이 지내고 싶지 않은 그런 부류. 본인은 복잡하게 좋은 사람이고 타인은 단순하게 나쁜 사람이라고 여기는 그런 마음이 너무도 싫다. 이기적이고 옹졸하고 어이없어. 아주 그냥 세상이 다 자기 것인 줄 알아.

사람한테 지친 사람에게 필요한 말

1. 사람이 좋은 건 좋은데 너무 좋아하기만 하면 안 된다.
2. 모두에게 괜찮은 사람이 되려다 스스로를 원망하게 된다.
3. 어떤 관계는 마음이 아니라 거리로 유지되기도 한다.
4. 나쁜 사람이 되는 건 참아도 바보가 되는 건 참지 마라.
5. 가깝다고 다 좋은 사이 아니고 멀다고 다 나쁜 사이 아니다.
6. 사람은 오래 봐야 알게 되지만 그럼에도 틀릴 때가 있다.
7. 말은 겉으로 예쁘게 해도 속마음은 그렇지 못한 사람이 많다.
8. 필요할 때만 찾는 사람보다 별일 없어도 연락하는 사람이 진짜다.
9. 줄 때는 계산하지 말고 받을 때도 기대하지 마라.
10. 인연이라는 게 생각대로, 마음대로 되기가 쉽지 않다.

2:6:2 법칙

　사람 사이에는 '2:6:2 법칙'이라는 게 있다. 열 명이 모이면 두 명은 당신을 좋아하고 여섯 명은 관심이 없으며 나머지 두 명은 싫어한다는 거다. 만약 누군가의 미움 때문에 마음을 크게 다쳤다면 모두에게 사랑받을 수 없다는 사실을 침착하게 되새겨 보자. 굳이 당신을 탐탁지 않아 하는 사람들 앞에서 억지로 웃지 않아도 되고 고작 그런 일 때문에 오랜 하루를 빼앗기지 않아도 된다. 더 중요한 것은 당신을 아끼는 사람들과의 시간이다. 명심하자. 인생에서 모두를 품고 살아갈 수는 없다.

관계의 끝

 관계의 끝은 조용히 온다. 언제나 다 받아 주는 사람 같아서 마음대로 해도 괜찮다고 생각한다면 그것은 일종의 오만이다. 상대도 나를 이해하고 있고 인내하고 있다는 점을 잊지 말아야 한다. 조금씩 눈치를 보며 경계선을 마음대로 넘나드는 사람을 멀리하자. 모든 인간관계에는 엄연히 지켜야 할 선이 있다. 그 선을 지키지 않아서 작은 실망이 반복되다 보면 끝내 마음의 문은 굳게 닫혀 버린다. 그때는 어떤 미안함과 후회도 관계를 예전처럼 되돌릴 수 없다.

미워해 버린다

 누군가를 미워하게 됐을 때 하루의 끝에서 속에 있는 생각들을 글로 늘어놓는 편이다. 그러다 보면 그 사람을 이렇게까지 미워해야만 하는 이유가 있는지, 싫어한다고 해서 어떤 득이 되는 것인지, 반대로 나에게는 잘못이 없는지 등을 객관적인 시선으로 바라보게 된다. 인간관계에서는 견해차가 분명 존재하기에 자기 자신과 차분히 대화를 나누다 보면 상대의 입장도 웬만큼 수긍할 수 있게 되고 과열되었던 감정도 점차 누그러드는 게 일반적이다. 하지만 그럼에도 불구하고 몇 날 며칠 밤을 써도 아닌 사람은 아주 과감히 증오해 버린다. 구태여 이해할 필요가 없는 사람에게 배려와 양보는 과분하다고 생각하기 때문에. 그런 사람은 그냥 싫어해 버려도 그만이다.

그만 정리하자

 운명이라면 결국 만나게 되어 있다. 만약 당신에게 오지 않는 사람이라면 오지 않아도 됐을 사람일 것이다. 그러니 지나간 사람 때문에 너무 오래 흔들리지 말 것. 아니다 싶을 때 서둘러 정리하고 내려놓는 것도 마음을 지키는 일이더라. 이미 쓴 마음은 충분했으니 이제 그만 정리하자. 무엇보다 스스로를 위해서라도 꼭.

지쳤을 때 드러나는 증상

1. 무엇을 결정하는 데 부담을 느낀다.

2. 사소한 일에도 예민하게 반응한다.

3. 불안, 우울, 짜증의 빈도가 높아진다.

4. 모든 것을 안 좋은 쪽으로 생각한다.

5. 두통, 위통 같은 신체적 문제가 발생한다.

6. 교류를 피하고 혼자 있으려고 한다.

7. 웬만한 것에 흥미를 느끼지 못한다.

8. 산만해지고 집중하기가 어렵다.

9. 쉽게 피로감과 무기력감을 느낀다.

10. 수면 시간이 과하거나 부족하다.

진심을 낭비하지 말 것

 가끔은 잘해 준 것을 후회하게 만드는 사람들이 있다. 호의를 당연시하고 진심을 유린하는 사람들. 친절하게 대해 주는 것이 만만하게 봐도 된다는 의미가 아닌데 말이다. 아무리 가까운 관계라도 당연한 것은 없다. 전부 이해이고, 배려이며, 양보이자, 사랑이다. 그런데 이것 자체가 상당한 에너지를 필요로 한다. 그러니까 마음을 여기저기 낭비하지 말라고. 모두에게 내어 주다 보면 정작 가장 중요한 순간에 스스로를 헤아리고 보살피기 위해 쓸 힘이 부족해진다. 어차피 한정된 에너지라면 자기 자신부터 챙기자. 공감도, 다정도, 위로도, 애정도 모두 나에게 먼저 충분히 하고 나서 남에게 하는 거다.

맞는 사람과 맞지 않는 사람

좋은 사람과 좋지 않은 사람이라는 개념은 생각보다 주관적이고 상대적이다. 누군가에게는 한없이 별로인 사람일 수 있어도, 다른 누군가에게는 의외로 괜찮은 사람일 수 있으니까. 그래서 '좋고 좋지 않음'이 아니라 '맞고 맞지 않음'으로 나누는 게 더 나은 구분이다. 그리고 만약 맞지 않는 사람과 마찰이 생겼다면 감정을 다 쏟아 내며 싸우기보다는 그냥 무시해 버리는 편이 더 지혜롭다. 화를 내며 비난하는 것보다 아무 반응 없이 지나치는 무관심이 불필요한 갈등을 피하는 데 더 효과적이니까. 어차피 모양이 서로 다른 퍼즐은 온전한 하나의 그림을 완성할 수 없다. 그 사람에게 무엇이든 더 이상 낭비하지 않아도 된다는 뜻이다.

모든 말에 상처받지 말자

 보고 싶은 것만 보고, 듣고 싶은 것만 듣고, 믿고 싶은 것만 믿으면서 아무렇지 않게 남을 공격하는 사람들이 있다. 예전에는 그런 부류를 보면 불편한 기색을 숨길 수가 없었다. 그런데 요즘은 측은한 감정부터 앞선다. 마치 자신의 결핍, 결함, 열등감, 콤플렉스, 욕구불만 등을 고백하고 있는 것만 같아서. 그래서 요즘은 누군가가 악의적으로 밑도 끝도 없는 험한 말을 퍼붓는다면 '아, 본인이 그런 부분에서 긁힌다는 거구나.' 하고 인생에서 차단해 버린다. 말도 통하지 않고, 솔직히 별로 듣고 싶지도, 오래 상대하고 싶지도 않은 존재와의 교류는 오직 스트레스와 피로감만 유발하니까.

악의는 명백히 나쁘다. 또 설명할수록 더러워지고 반응할수록 커진다. 그러니까 구태여 나쁜 마음을 가진 사람들의 말에 귀 기울이고 상처받을 필요가 없다. 그리고 누군가가 당신을 싫어한다면 맞은편에는 좋아하는 사람도 있다는 사실을 잊지 말 것.

나르시시스트의 특징

1. 타인에게 보이는 모습을 무엇보다 중요시한다.

2. 공감 능력이 현저히 부족하다.

3. 강자에게 약하고 약자에게 강하게 군다.

4. 뻔뻔하게 굴며 부끄러움을 모른다.

5. 이기심이 심하고, 사소한 일에도 생색을 낸다.

6. 말과 행동이 자주 다르다.

7. 내로남불로 잘못을 무마하려고 한다.

8. 사과를 해도 실상은 변명에 가깝다.

9. 거짓말, 참견, 비교, 비난을 일삼는다.

10. 다른 사람의 흠을 집요하게 물고 늘어진다.

11. 가식적인 표현과 태도로 상대의 마음을 속이려 든다.

12. 자신에게 유리하도록 사실을 과장하거나 왜곡한다.

13. 남 탓을 하며 책임을 전가하기 일쑤다.

14. 가해자이면서도 피해자인 척 가장한다.

15. 상대를 자신의 손안에 두고 싶어 한다.

16. 이간질을 통해 점차 상대를 고립시킨다.

17. 대가와 희생을 강요하고 이를 정당화한다.

18. 자기 뜻대로 되지 않으면 화부터 낸다.

19. 손바닥을 뒤집듯 관계를 끊어 버린다.

20. 지속적인 압박으로 상대의 판단력을 흐린다.

왜 저럴까

    누구나 '저 사람은 왜 저럴까?'에서 '저 사람'을 맡으며 산다. 관계가 그렇다. 번번이 속사정까지 이건 이렇고 저건 저렇고 하나하나 고백할 수가 없으니, 세상에 이상한 사람은 너무나 많게만 느껴지고 나 또한 누군가에게 되게 특이한 사람이 된다. 그러니까 굳이 모든 사람을 이해하려고 애쓰지 말자. 저마다 못다 한 이야기가 있다는 것을, 서로 얼마든지 다를 수 있다는 것을 속 편하게 인정하면 한결 편해지는 게 사람 마음이자 인간관계이다.

내가 알아서 할게

타인의 마음을 제멋대로 조종하려는 사람을 경계해야 한다. 소위 가스라이팅을 하는 사람 말이다. 자칫 그 의도를 눈치채지 못한 채 얼렁뚱땅 넘어가게 되면 결국 고생하는 쪽은 나 자신이 될 테니까. 누군가가 당신의 마음을 함부로 옭아매려고 한다면 단호한 표정과 말투로 말하자. "그건 내가 알아서 할게"라고.

하지 말라는 건 하지 말자

  인간관계에서는 좋아하는 것을 더 하는 것보다 싫어하는 것을 덜 하는 게 훨씬 바람직하다. 말하자면, 한 번 할 때마다 좋아하는 게 +1점이라면 싫어하는 건 -2점인 느낌이랄까. 원만한 사이가 유지되기를 바란다면 상대가 하지 말라고 하는 건 그냥 하지 않는 게 맞다. 애정은 쌓이지만 실망은 새겨진다. 사소한 언행 하나가 마음의 온도를 바꾸고 그 온도가 결국 관계의 길이를 결정한다는 것을 기억하자.

이 정도쯤이야

　사람에게는 기본적으로 이기심이 있다. 그래서 '생각하는 것보다 더 많이 주겠다'라는 마음으로 관계에 임해야 한다. 예를 들어 상대에게 쓸 수 있는 진심이 10이라고 할 때, '절반 정도 써야지' 하고 5를 쓰게 되면 막상 4를 쓰고 있으면서도 6을 썼다고 착각하기 쉽다. 그리고 이런 오해는 둘 사이를 멀어지게 만들 수도 있다. 만약 그 사람이 너무 소중한 존재라면 '좀 손해 봐도 괜찮다'라는 자세로 마음을 더 얹어 주자. 당신에게 그토록 귀한 인연인데 이 정도쯤이야.

따뜻한 마음씨

  타인에게 잘해야 한다. 남을 대하는 방식이 곧 자신이 대우받는 방식이 된다는 것을 기억하자. 존중과 배려는 관계의 시작점이자 신뢰의 기반이 된다. 사소한 언행 하나도 타인의 마음에 깊이 남을 수 있다는 점을 항상 명심해야 한다. 무심코 던진 말 한마디, 행동 하나가 누군가의 하루를 무너뜨릴 수도 반대로 구해 낼 수도 있다. 그러니 타인을 대할 때는 말이나 행동보다 마음이 먼저 닿아야 한다. 그러다 보면 그 따뜻한 마음씨가 되돌아와서 당신을 살리기도 할 거다.

소중함을 잃지 말자

    오래된 사이일수록 더 잘해야 한다. 친하다고 해서 '이 정도는 괜찮겠지', '우리 사이에 무슨'이라며 가볍게 넘겨 버리고 심지어 이런 태도가 계속되기까지 한다면 관계가 멀어지는 것은 시간문제일 수밖에 없다. 친근함이 익숙함이 될 수 있지만 그것에 속아 소중함까지 잃지는 말자. 한 번 끊어진 인간관계는 원래대로 되돌리기 쉽지 않다. 관계는 우연으로 시작될 수 있지만 유지하려면 반드시 노력이 필요하다. 이걸 알지 못하는 사람 때문에 몸고생, 마음고생을 하는 일이 없기를.

좋은 게 좋은 거라고

  모든 사람에게 좋은 사람일 수 없는 것처럼 모든 사람에게 나쁜 사람일 수도 없다. 엄밀히 말하자면, 그저 이해관계가 다르고 견해 차이가 있을 뿐이다. 그래서 누군가가 당신을 미워하거나 싫어한다고 해서 흔들릴 이유가 없고 반대로 당신도 누군가를 어떤 계기로 증오하거나 혐오할 필요는 없다. 또한, 제삼자의 위치에서 한쪽의 부정적인 말만 듣고 무조건 동조하거나 가담하지도 않았으면 한다. 논란이 될 만한 일에는 말을 아끼고 거리를 두며 신경을 끄고 자기 자신의 하루에 집중하는 것이 더 슬기롭다. 좋은 게 좋은 거라고, 꼭 어느 편에 서서 반대편과 맞서기보다는 그냥 마음이 잘 통하는 사람끼리 어울리며 즐겁게 잘 지내면 되는 거다.

마음을 아끼자

 눈엣가시 같은 사람을 오래 생각하지 않으려고 노력한다. 신경 쓰는 만큼 그 사람이 내 마음 안에서 살아야 하니까. 그럴수록 감당해야 할 힘듦은 오롯이 나의 몫이니까. 돌이켜 보니 그런 사람에게 필요 이상으로 에너지를 쏟느라 정작 중요한 순간에 제대로 힘을 내지 못한 적이 많았다. 아낄 수 있다면 아껴야 한다. 마음도 쓸수록 줄어드니까.

둔감하게 불행할 것

좀 내려놓고 살면 마음이 편해진다. 어차피 모든 것을 완벽히 이해할 수도 없는 노릇이다. 그래서 이제는 그냥 나름의 사정이 있겠거니 하며 가볍고 단순하게 넘겨 버린다. 계속 붙들고 있으니 결국 나 자신만 손해를 보더라. 어차피 멀어지고 사라질 것들은 힘들이지 않아도 끝내 무뎌지고 잊힐 테니, 불편하고 부담스러운 것들 때문에 자기 마음까지 망가뜨리지 않기를. 당신이 민감하게 행복하고 둔감하게 불행했으면 좋겠다.

그만두는 게 낫다

 함께 있을 때 '내가 그렇게 괜찮지 않은 사람인가' 하는 불안함을 주는 사람 말고 '나도 제법 괜찮은 사람이 될 수 있구나' 하는 편안함을 주는 사람을 만나자. 불편하고 힘겨운 관계를 억지로 유지할 필요 없고 아프고 어려운 감정을 구태여 품고 있을 이유도 없으니까. 좋은 사람들 곁에서 행복해지자. 사랑이라는 이름 아래 스스로를 방치하는 일이 없기를. 아까운 마음이 애먼 곳에서 소모되지 않기를.

그럴 만한 일이었다

 거의 모든 상황에는 다 이유가 있다고 생각하는 편이다. 예를 들어 어떤 사람이 다른 누군가에게 무슨 소리를 들었다면 그런 말을 들은 원인이 있었을 거고, 의도한 일이 기대와 다르게 틀어졌다면 그것 또한 나름의 까닭이 있었을 거다. 단순히 그냥 벌어지는 일은 없다. 찬찬히 되돌아보면 다 그럴 만한 결과인 거다.

관계를 정리하는 일

　관계를 정리하는 것은 건강한 경계를 세우는 일이다. 해로운 사람으로부터 자신의 몸과 마음을 지켜 내겠다는 의지이자 표현이다. 이리저리 휘둘리거나 망설이지 말고 필요하다면 과감히 끊어 내기를. 억지로 유지해야만 하는 관계는 당신을 서서히 망가트리기만 할 뿐이다.

최고의 복수

최고의 복수는 그냥 잘 사는 거다. 당신에게 상처를 준 사람이 무엇을 하든 말든 일절 신경 끄고 자기 할 일에 온전히 집중하는 것. 그러다 보면 훨씬 더 좋은 사람이 찾아오더라. 당신을 버렸던 사람은 아닌 척하며 후회하고 있을 테고. 중요한 건 당신은 그 사람 없이도 무리 없이 괜찮아지는 중이라는 거다.

조타를 틀자

 지극히 아끼던 것들이 유구히 곁에 있어 주었으면 했다. 하지만 좋아하고 사랑하는 것들은 시간 앞에서 하염없이 나약했다. 즐겨 신던 신발은 해어졌고, 죽고 못 살던 사람과는 헤어졌으며, 절실했던 직장에서는 한숨만 늘었다. 모든 것은 좋은 쪽으로든, 좋지 않은 쪽으로든 변하게 되어 있다. 그렇기에 변화를 받아들이는 게 상당히 중요하다. 그래야 더 나은 방향으로 조타를 틀 수 있고 더 좋은 사람으로 거듭날 수 있다.

2장

그만둘 수 없는 생각이 있었겠지만

끝나 버린 일에도
쉽게 잊을 수 없는 상황이 있다

염려하지 말 것

  당신을 그토록 고통스럽게 하는 일이 지나가고 나면 당신의 마음은 지금보다 훨씬 더 단단해질 테니 그 아픔은 성장통인 거다. 숱한 생각들 속에서 몸부림치지 않아도 된다. 스스로의 자생력과 곁에 있는 사람들의 응원을 믿자. 든든한 많은 힘들이 당신의 편에 서 있다는 것을 잊지 말아야 한다. 지나치게 염려하지 말자. 진부한 말이지만 전부 좋은 방향으로 흘러갈 거다. 그게 자명한 사실인데 어떡하겠어.

좋지 않은 걸 알지만

 카페인이든, 알코올이든, 니코틴이든 몸에 좋지 않은 걸 잘 알지만 많은 사람들이 인생에서 버거움을 느낄 때마다 종종 찾곤 한다. 그것들이 안 좋아 봐야 삶을 감당하며 받는 스트레스보다는 덜 해로울 것 같다고 여겨서일까. 인생은 때때로 그렇다. 더 해롭다고 간주되는 것을 해소하기 위해 덜 해로운 것을 감행하기도 한다.

열심히 하지만 잘 따라 주지 않을 때

 열심히 산다고는 사는데 인생이 마음먹은 것처럼 순조롭지 않을 때가 더 많다. 뭐랄까, 기대와는 달리 전혀 협조하지 않는 세상과 맞서는 기분이랄까. 그러다 보니 정신적으로나 체력적으로나 한계를 실감하게 되고 기존에 잘해 오던 일마저 망가져 가는 것을 그저 바라만 볼 수밖에 없는 날도 있었다. 이런 상황이 계속되다 보니 그동안의 시간을 만회하려고 큰 성과만을 골라서 좇기도 했다. 하지만 외려 힘든 시기일수록 아주 작은 행복들부터 챙기려는 노력이 필요하더라. 일상 속에서 한결같이 당신을 사랑하는 사람들, 더할 나위 없이 당신이 좋아하는 것들을 늘 마음 가까이에 두자. 그 소중한 것들이 기반이 되어야 넘어진 마음도 다시 일으킬 수 있다. 포기하지 말자. 지나고 보면 알게 된다. 가장 힘들었던 날에도 당신이 당신을 지켜 냈다는 것을.

돌 틈 사이로 피어난 꽃

    이런저런 일들이 쌓일수록 자존감은 더욱 단단해진다. 상처받고 아파했던 모든 순간들이 결국 당신을 더 깊고 넓게 만들어 간다. 어제의 흔들림은 오늘의 당신을 지탱하는 뿌리가 되고, 실패했던 기억은 오히려 더 높이 오르게 하는 발판이 된다. 무엇보다 중요한 것은 가빴던 모든 순간에도 당신이 당신을 끝까지 놓지 않았다는 사실이다. 그렇게 쌓여 온 날들이 결국 지금의 당신을 만들어가고 있다.

그래도 여기까지 잘 왔다

 기대에 크게 못 미치고 남들보다 한참 뒤처지는 것 같이 느껴지더라도 지난 시간을 열심히 살지 않은 것은 아닐 것이다. 나름대로 애썼고 남모르게 앓았을 당신, 그동안 근근이 잘 견디고 버텼다. 여전히 가야 할 길이 많이 남았겠지만 그래도 여기까지 잘 왔다. 고생한 자신을 감싸 주고 달래 주자. 일단은 휴식을 취하며 회복하는 데 몰두하자. 힘을 빼야 할 때는 빼야 한다. 그래야 다시 낼 수 있는 힘이 생길 테니까. 그러다가 다시 이어 나갈 준비가 되면 우리 또 기운을 내서 해 보자. 그렇게 부단히 나아가면 된다. 그러면 된다.

결국 체력이다

　자기 관리를 잘하는 사람이 뭘 해도 해낸다. 결국 체력이다. 암만 신체 능력이 뛰어나고 기술이 좋아도 체력이 없으면 다 의미가 없다. 생각과 감정도 그렇다. 아무리 좋은 것들을 보고 들으며 스스로를 단련하더라도 체력이 충분하지 않으면 예고 없이 찾아온 작은 불행에도 무기력하게 무너지고 만다. 체력을 기르자. 체력이 좋다는 것은 버티는 힘이 강하다는 뜻이다. 누구나 다 피곤하고 힘들고 어렵지만 마지막까지 퍼지지 않는 사람이 이기는 거다. 지치면 예민해지기 쉽고 예민해지면 그르치기 쉽다. 더 멀리, 더 높게, 더 오래가고 싶다면 자기 자신을 묵묵히 뒷받침할 만한 지구력을 갖춰야 한다.

물러서기

 어떤 일이 너무 간절해서 그것에 지나치게 몰두하다 보면 챙겨야 할 것을 세심히 챙기지 못하고 지나쳐야 할 곳을 무심히 지나치지 못하는 경우가 발생한다. 그럴수록 필요한 것은 한 발짝 물러서는 마음이다. 조금 뒤에서 더 넓은 시야로 현재 상황을 지켜보는 것. 새로운 실마리를 찾기 위해 반드시 필요한 태도다.

보통의 삶

나쁜 시간이 지나가면 그만큼 좋은 시간도 온다던데 나중에 얼마나 행복해지려고 지금 이럴까. 기쁨을 거의 다 덜어 내도 좋으니 슬픔만큼은 모조리 내려놓고 싶은 마음이다. 그냥 잔잔한, 그런 보통의 삶. 그래도 이왕이면 좋은 일아, 가득해라. 조금의 공백도, 잠깐의 정적도 없이. 그래서 불안하지 않게, 우울하지 않게, 그저 잘 지낼 수 있게.

어떤 행복은 마음에 달려 있다

   행복은 언제나, 어디에나 있다는 점을 온전히 받아들이기로 하고 나서부터 특정한 사람이나 상황에 부정적으로 의미를 부여하는 일이 대폭 줄었다. 당연히 아끼는 대상과 장면은 최선을 다해 사랑하고 있지만, 별로 그렇게까지 마음을 쓰고 싶지 않은 순간에는 최소한의 에너지만 사용한다. 큰일이 아니라면 거추장스럽게 굳이 문제 삼지 않고, 적당한 시기에 적절한 사람들과 그냥저냥 무탈하게 어울리는 것이 인생에서 필요한 슬기로운 처세임을 깨달았기에. 실제로 대부분의 행복은 오로지 내 마음가짐으로도 만들 수 있는 거였다.

불행을 바라곤 한다

 불행을 바랄 때가 있다. 그러니까 오늘이 인생에서 가장 힘겨운 날이었으면 하는 마음이다. 그러면 또다시 힘들어지더라도 전보다 수월한 어려움일 테니까. 불행에도 총량이 있다던데, 차차 지금의 고난과 역경을 감당하다 보면 나중에는 행복이 훨씬 더 많이 남게 되지 않을까 싶어서. 그래서 나는 오늘도 이렇게 간절히 불행을 바라곤 한다.

진정한 긍정

 '모두 다 잘될 거야'라는 마음도 좋지만, 진정한 긍정은 '모조리 안되어도 괜찮아. 다시 하면 돼.'가 아닐까. 꺾이지 않으려는 투혼, 굽히지 않으려는 강단, 끝까지 해 보려는 끈기, 반드시 이루려는 의지와 같은 것들. 단순히 잘될 것이라고 믿는 낙관이 아니라 비가 와도 걷고, 미끄러져도 일어나고, 의심 속에서도 자기 방향으로 밀고 나가는 마음. 무너지지 않는 것이 아니라, 무너질 때마다 다시 쌓아 올리는 것. 그게 진짜 긍정이고 그런 사람이 결국 끝을 본다.

의미 없는 순간은 없다

 아무것도 아닌 시간은 없다. 좋았던 순간도, 좋지 않았던 순간도 모두 결국 당신의 일부가 된다. 그러니 의미 없는 아픔과 헛된 힘듦은 없다고 자기 자신을 다독여 주자. 모든 찰나는 당신을 조금씩 더 강한 사람으로 만들어 가고 있다. 아직은 서투른 게 많지만 그럼에도 스스로를 믿고 인내하며 기다리자. 이내 고생한 몸과 마음에 안정과 보상이 따르는 날이 조만간 올 거다. 불행 끝, 행복 시작이기를.

또 배운 거다

그러고 보면 세상에는 100% 좋은 일도, 100% 나쁜 일도 없는 것 같다. 정말 괜찮다고 생각했던 일이 결과적으로는 해가 된 적도 있었고, 정말 별로라고 생각했던 일이 의외로 득이 된 적도 있었다. 그러니까 섣불리 극단적으로 판단하거나 단정하지 않았으면 한다. 이렇든 저렇든 당신은 또 배운 거다.

더 나은 실수를 하면 된다

살다 보면 누구나 크고 작은 실수를 범하게 된다. 때로는 그 잘못으로 인해 한참을 헤매거나 기세가 꺾이기도 한다. 하지만 그래도 괜찮다. 중요한 것은 같은 실수를 반복하지 않고 더 나은 실수를 하는 것. 무엇보다도 그 빈도와 정도를 줄이는 것. 그렇게 뉘우치고 인정하고 노력해서 발전하면 되는 거다. 점차 전보다 더 괜찮은 사람이 되어 가면 되는 거다.

사이좋게 지내자

나 자신과 잘 지내야 한다. 몇 번 보고 말 남 같은 사이라면 맞지 않을 때 관계를 끊어 버리면 그만이지만 이번 생은 좋을 때든 싫을 때든 쭉 함께 가야 한다. 그러니까 스스로를 아끼고, 위로하며, 격려하고, 응원하면서 사이좋게 지내자. 자기 자신을 사랑하는 방법을 터득할수록 세상과도 더욱 잘 지낼 수 있다.

살아 볼 만한 삶이겠다

 가끔은 스스로를 되돌아볼 필요가 있다. 아프고 힘든 일에만 마음을 빼앗기고 있는 것은 아닌지, 슬프고 우울한 이야기에만 귀를 기울이고 있는 것은 아닌지, 그렇게 남들이 다 바라는 행복은 바쁘게 좇으면서 정작 눈앞에 있는 행복은 수없이 놓치고 있는 것은 아닌지 말이다. 스스로를 너무 다그치지 말자. 이만하면 괜찮은 삶이라고, 제법 잘 살아 내고 있는 거라고. 조금은 너그러운 시선으로 자기 자신에게 격려와 응원을 건네 보자. 그러다 보면 깨닫게 될 거다. '어쩌면 이 삶도 제법 살아 볼 만하겠다'라고.

있는 그대로를 사랑할 수 있기를

모든 것이 항상 충만할 수는 없으니 결핍을 인정하는 삶을 살아야 한다. 가끔은 욕심이 몸집을 지나치게 키워서 자기 것이 아닌 것에도 소유욕을 품게 만들고 그로 인해 하루의 기분까지 엉망이 되어 버릴 때가 있다. 그럴 때는 스스로를 탓하기보다 그 마음을 들여다보고 다독여야 한다. 쉽게 동요되지 않도록 있는 그대로를 사랑할 수 있는 사람이 되어 가는 것. 현실과 이상 사이에서 스스로를 무너지지 않게 붙잡고 자신의 그림자까지도 잘 돌볼 수 있는 사람이 되기를. 오늘도 스스로의 부족함을 사랑으로 어루만져 주자.

중심을 잡아야 한다

 같은 음식을 먹더라도 어떤 사람은 짜다고 느끼고 다른 어떤 사람은 싱겁다고 느낀다. 사람 마음도 똑같다. 같은 일을 겪더라도 받아들이는 감정은 저마다 다르다. 그러니까 나와 같지 않다고 해서 상대를 노여워하거나 따지며 싸울 필요가 없다. 다름이 곧 틀림은 아니므로 더도 말고 덜도 말고 그냥 '그렇구나' 하고 넘어가면 된다. 인간관계에서 절대적으로 이상적인 기준은 없다는 것을 기억하자. 그렇기에 늘 균형을 잃지 않으려고 애써야 한다. 사람은 편향되는 순간부터 색안경을 쓰게 된다. 대체로 그런 선입견은 관계를 병들게 만드는 치명적인 요인이 된다. 그러니 기울어지지 말자. 무엇이든 중심을 잃으면 문제가 시작된다.

최선의 다정함

 알맞은 만큼만 마음을 쓰면 된다. 1부터 10까지의 감정이 있다고 했을 때 3~4면 충분한 일에 8~9를 쏟아붓는다면 그만큼 이른 소진을 각오해야 한다. 적당히, 필요한 만큼만. 이것은 무심함이 아니라 자기 자신을 위한 최선의 다정함이다.

어른은 그런 줄 알았다

어른이 되면 어떤 힘듦도 잘 이겨 내고 어떤 슬픔도 곧잘 참게 되는 줄 알았다. 그런데 버티는 게 한없이 버거울 때가 잦더라. 어른이 되어도 처음인 것들이 참 많더라. 그래서 바람보다 더 헤매다가 다치기도 하고 때로는 상처 때문에 한참을 주저앉아 바다보다 더 울기도 한다. 아직은 미숙해서. 이 또한 살다 보면 또 살아지겠지만 여전히 서투른 게 많아서.

유연하게 살기

 얼마든지 흔들려도 된다. 살면서 자의로든, 타의로든 동요하게 될 때 기꺼이 그 변화를 받아들이자. 바람에 흔들릴 줄 아는 나무가 오히려 더 깊게 뿌리를 내리는 법이다. 뻣뻣하게 경직된 마음은 자칫 부러지기 쉽다. 유연하게 살자. 우리에게는 휘어질 용기가 필요하다. 그래야 어떤 충격을 받더라도 다시 제자리로 돌아올 수 있다.

내버려 두자

 자기 자신을 좀 내버려둘 줄도 알아야 한다. 매일같이 스스로를 몰아붙이다 보면 결국 어디선가 고장이 날 수밖에 없다. 물론 일상이 너무 바쁘겠지만 여유를 찾는 일을 게을리하지 말자. 괜찮은 게 하나도 없는데 전부 다 괜찮은 척하며 강행하다 보면 사람들도 당신이 정말 괜찮은 줄로만 안다. 그러니 의식적으로라도 재충전할 수 있는 짬을 만들자. 그래서 괜찮은 척 대신, 진짜 괜찮아지자.

도망가자

 가끔은 도무지 어찌할 도리가 없어 보이는 순간이 있다. 그럴 때는 그 상황으로부터 가능한 한 빨리 그리고 멀리 벗어나는 게 가장 현명한 선택이 될 수 있다. 살면서 벌어지는 모든 일들을 정면으로 감내해야 할 필요는 없으니까. 도망가자. 어디든, 어디로든. 그래야 할 것만 같다면 그래도 된다. 때로는 버티는 용기보다 떠나는 용기가 더 필요하기도 하니까.

버려야 하는 것들

성공에 대한 강박감, 실수에 대한 부담감, 경쟁에 대한 열등감, 실패에 대한 자책감, 결과에 대한 무력감. 번번이 뭔가를 달성해 내고 증명해 내야 하는 건 아니다. 설령 성과가 좀 부실하더라도 과정이 최선이었다면 그 또한 하나의 배움이 아닐까. 배웠으니 결국 발전한 것일 테고. 그러니 성공 혹은 성장이라고 부르자. 여실히 당신은 전보다 더 나아졌고 더 나아갔다.

일탈

    확실히 빈둥거리는 시간도 필요하다. 뭐랄까, 게으름을 피우면 머리가 숨을 고르는 것 같은 기분이랄까. 가끔은 나태하게 지내자. 그동안 열심히 살아 내고 있었다면 그래도 된다. 한없이 느슨해 보이는 하루도 분명 삶의 일부이다. 멈추어 있는 순간에도 조금씩 회복되고 있으니까. 때로는 조급해하던 일상에서 과감히 이탈하자. 좀 쉬어도 된다.

비록 엉망이어도 괜찮은 이유

1. 시작은 벌써 반을 끝낸 거다.

2. 일단 하면서 완벽해지면 된다.

3. 중심은 흔들리면서 찾게 된다.

4. 인생은 성공 아니면 과정일 뿐이다.

5. 처음은 미숙할지라도 점차 능숙해진다.

6. 시도하지 않으면 아무것도 일어나지 않는다.

7. 불확실한 지금도 언젠가 확신이 된다.

8. 불안한 나날도 결국 지나가게 되어 있다.

9. 얼마나 걸리든 결국 해내면 그만이다.

10. 끝끝내 이루고야 말 사람이다.

마음의 온도

  비나 눈이 오고 난 다음 날이면 날씨는 평소보다 유난히 더 춥다. 구름이 걷히며 지표면의 열이 빠르게 빠져나간 탓이라는데, 사람의 마음도 이와 크게 다르지 않다. 어려운 일을 겪게 되었을 때, 마음을 힘들게 만들었던 것 자체가 사라진다고 해서 완전히 괜찮아질 수 있었던 건 아니었다. 그것이 남기고 간 생각과 감정들, 그 차가운 여운까지도 함께 지나가야 했다. 하지만 시간이 지나면 세상도 예전 기온을 서서히 회복하듯, 마음도 조금씩 고요를 되찾을 거라고 믿는다. 그렇게 찬찬히 마음의 온도도 다시금 돌아올 거라고 의심치 않는다.

종종 마음 들여다보기

　무엇이든 정비를 해야 한다. 기계도 주기적으로 점검을 하지 않으면 제 성능을 온전히 발휘하지 못하고 끝내 고장이 나는 것처럼 사람의 마음도 종종 들여다봐야 한다. 구석구석 이상이 없는지 살피고 제때 꼼꼼히 챙겨야 한다. 번번이 '괜찮겠지', '별일이라도 생기겠어' 하며 넘어가다 보면 나중에 반드시 더 큰 문제가 생긴다. 대개 무너지는 건 괜찮다고 넘긴 것에서 시작된다.

하여튼 희한해

 나이를 먹다 보니 예전에는 일절 입에 대지도 않았던 음식을 즐겨 찾게 되었고, 하루 종일 할 수 있을 만큼 좋아했던 취미는 다른 것으로 대체되었으며, 서로 죽어라 미워했던 사람과 종종 만나 술잔을 기울이게 되기도 했다. 시간만 흘렀을 뿐, 한사람인데 그때의 나와 지금의 나는 제법 달라진 점이 많다. 이상하리만치 낯설었던 것들이 이제는 제일 익숙하다. 인생, 참 알다가도 모를 일이다. 어쩌면 살아간다는 것은 변해 가는 것들을 받아들이는 과정의 연속일지도 모르겠다. 그래서 이제는 모든 상황에 연장선을 그어 놓는다. 언제, 어디서, 어떻게 또 새로운 이야기가 펼쳐질지 알 수 없으니까. 다시 생각해 봐도 하여튼 희한해.

망하지 않았다

하려는 일이 하나부터 열까지 꼬이고 전혀 예상대로 흘러가지 않더라도 그게 당신이 망했다는 뜻은 아니다. 정말 망한 순간은 실수나 실패가 아니라 이것들을 핑계 삼아 모든 것을 부정하고 아무것도 하려고 하지 않을 때 찾아온다. 비록 쉽지 않겠지만 작은 시도라도 해 보기를 바란다. 멈추지 않고 나아가는 당신은 끝내 무엇이든 해낼 사람이다.

쉽게 무너지지 않으려면

1. 언제나 자기 자신을 믿기.

2. 자존감과 자신감을 잃지 말기.

3. 남의 평가에 휘둘리지 않기.

4. 비교 대신에 나만의 페이스 유지하기.

5. 밀려오는 감정에 휩쓸리지 않기.

6. 과거나 미래가 아닌 현재에 몰입하기.

7. 실패가 아니라 과정이라 생각하기.

8. 어려움 속에서도 긍정을 유지하기.

9. 쉬운 것만 골라서 하지 않기.

10. 인내심을 가지고 꾸준히 나아가기.

11. 마음먹었다면 바로 실행하기.

12. 유연한 사고로 헤쳐 나가기.

13. 자신의 지난 선택에 책임을 지기.

14. 잘못된 습관 고치기.

15. 필요하다면 주변에 도움을 요청하기.

16. 잠시 멈추는 것도 용기라는 것을 기억하기.

17. 작은 것에도 감사하는 마음을 가지기.

18. 어디서나 겸손한 자세로 임하기.

19. 긴장감을 가지고 살기.

20. 균형이 잡힌 삶을 살기.

21. 주어진 상황에 안주하지 말기.

22. 최선을 다했다면 후회하지 않기.

마음에 밟혀서

　언제나 괜찮아 보이려고 애쓰지 않아도 괜찮다. 스트레스를 받는다면 불편한 기분을 드러내도 되고, 상처를 받았다면 서운한 감정을 표현해도 된다. 버릇처럼 마음을 감추기만 하면 언젠가 탈이 나고 만다. 필요하다면 그때그때 내보내고 해소하자. 답답하고 속상한 것들로 가득 차 있으면 숨 쉴 틈이 사라져 버린다. 후, 혼자서 얼마나 많은 밤을 다잡고 있었을지. 그런 나날을 지나온 당신이 마음에 밟히는 요즘이다.

마음이 마음의 주인을 지킨다

 침착하고 견고하게 쌓아 올린 마음은 절대 쉽게 무너지지 않는다. 그 마음에서 비롯되는 자신감과 자존감도 마찬가지. 내진 설계로 지어진 건물이 지진이 일어나도 쉽게 함몰되지 않는 것처럼 내면이 다부진 사람 또한 그렇다. 천천히 꼼꼼하게 다지다 보면 당신을 무너트리려는 어떤 세력에도 소동하지 않게 된다. 튼튼한 마음은 그 마음의 주인을 가장 안전히 지켜 낸다는 사실을 잊지 말자.

좋아질 거다

    그럴 수도 있지, 그러면 뭐 어때, 그냥 그러라 그래, 그러거나 말거나, 이 정도면 잘 버틴 거야, 신경 쓰지 말자, 다 지나갈 거야, 나쁘지 않았어, 오히려 좋아, 잘하고 있는 거야. 마음이 버거울 때마다 주문처럼 되뇌는 문장이다. 그래도 참 다행인 것은 모든 어려움은 나아지도록 정해져 있다는 거다. 힘겨운 순간은 지나가도록 약속이 되어 있고 그렇게 지나친 것들은 언젠가 잊히게 되어 있다. 좌절하거나 절망하지 말자. 모든 것은 기어이 좋아질 거다.

행복은 매일 있다

　네잎클로버의 꽃말이 행운이라면 세잎클로버의 꽃말은 행복이다. 많은 사람들이 귀하게 여기는 것만이 중요한 것은 아니다. 평범한 것의 소중함을 놓치지 말자. 눈앞에 늘 있어 익숙했던 것들이 어쩌면 더 특별할지도 모른다. 굉장한 기적은 가끔 오지만 귀중한 일상은 매일 온다. 그러니 매일매일을 대충 보내지 말자. 날마다 찾아오는 행복을 잃지 말자.

이렇게 살자

1. 잘 먹고 잘 자자.

2. 지치면 휴식을 취하자.

3. 건강을 유지하자.

4. 자존감과 자신감을 챙기자.

5. 작은 것에도 감사하자.

6. 내 사람들을 살피자.

7. 먼저 손을 내밀자.

8. 말을 예쁘게 하자.

9. 거짓말하지 말자.

10. 배신하지 말자.

11. 자주 웃으며 지내자.

12. 울음을 참지 말자.

13. 다정한 마음을 갖자.

14. 낭만을 잃지 말자.

15. 정직하게 살자.

16. 중심을 잃지 말자.

17. 부지런히 꿈을 좇자.

18. 열렬히 사랑하자.

19. 종종 여행을 떠나자.

20. 취미 활동과 자기 계발을 하자.

시선을 옮겨 보자

  어딘가 불편한 마음이 든다면 혹시 지금 맞지 않는 옷을 입고 있는 것은 아닌지 살펴보자. 살다 보면 내키지 않는 일을 해야만 하거나 원하지 않는 인간관계를 유지해야만 할 때가 있다. 하지만 세상에 자기 자신보다 더 중요한 것은 없다. 정신과 감정에 오래도록 무거운 부담을 느끼고 있다면 다른 방향으로 시선을 옮겨 보는 것도 현명한 선택이 될 수 있다. 인생을 잘 살아 낼 수 있는 방법은 생각보다 훨씬 더 다양하다.

지지자

　사람은 자기 자신을 의심하는 만큼 무너지기 쉽다. 스스로를 믿지 못하면 자신감과 자존감까지 흔들리게 되기 때문이다. 그리고 그 불신은 곧 판단과 결정에 부정적인 영향을 미치고 이내 참담한 결과까지 초래하게 된다. 그러므로 스스로에 대한 신뢰를 끝까지 잃지 않았으면 좋겠다. 이렇게 당부하는데 당신은 당신의 충실한 지지자여야 한다.

든든한 보호막

    남들이랑 있을 때의 당신도 중요하지만, 그보다 먼저 신경 써야 하는 것은 혼자 있을 때의 당신이다. 주로 무슨 생각을 하고, 어떻게 쉬는 것을 좋아하며, 어떤 취미를 가지고 있는지 등등. 타인을 생각하기 전에 자기 자신을 소중히 아끼고 세심히 챙기는 일부터 해야 한다. 그렇게 나 자신에게 집중하는 시간이 쌓이다 보면 자연스레 하나의 기준이 생기는데 그렇게 만들어진 잣대가 험난한 세상으로부터 당신을 지키는 든든한 보호막이 되어 줄 것이다.

자존감을 챙기자

　자존감은 나 자신을 이해하고 받아들이는 데서, 자존심은 남들의 시선을 신경 쓰고 비교하는 데서 비롯된다. 이 둘은 자칫하면 쉽게 헷갈리기도 한다. 자존심은 버리고 자존감을 챙기자. 스스로를 타인으로부터 해방시키자. 내가 나로서 굳건히 뿌리내리고 있어야 올곧게 살아갈 수 있다. 자존감은 세상 속에서 나를 지켜 내는 가장 강한 힘이다.

감정에는 다 이유가 있다

 당신에게 좋은 일이 일어났을 때 축하는커녕 일방적으로 자기 말만 쏟아 내며 비아냥대고 트집을 잡거나 구실을 만들려는 사람이 있다면 그 사람과는 거리를 두는 게 좋다. 친하다고 해서 반드시 좋은 사람은 아니다. 아무리 가까운 사이라고 해도 당신이 잘되는 것을 배 아파하는 사람은 존재한다. 그리고 이상하게 그 사람 앞에서만 작아지는 기분이 든다면, 그런 감정에는 다 이유가 있는 거다. 마음이 먼저 알아챈 진실을 절대 가볍게 여겨지 않기를.

그래야만 했다

 어떤 마음은 낱개로 비우는 것보다 통째로 들어내는 게 더 나을 때가 있다. 과감하고 냉정하게. 조금씩 처리하다가는 결국 나만 더 망가질 것 같아서. 조금이라도 여지를 남겨 두면 또 흔들릴 걸 알아서. 그래서 너무 쓰라리지만 그렇게라도 정리해야만 하는 사람과 상황이 있다. 남기면 아프고, 없애면 그립고. 두 감정 사이에서 나는 나를 지켜야만 했다.

할 만큼 했으면 된 거다

인간관계에서 혼자 무리하다 보면 결국 지치고 다치고 미치는 것도 홀로 하게 된다. 허비되는 마음이 커질수록 남겨지는 상처는 깊어질 테니 노력해도 어긋나기만 하는 사람에게 더는 마음을 공들이고 애쓰며 힘들어하지 말자. 당신을 신경 쓰지 않는 사람에게 관심을 호소하지 않아도 된다. 그리고 '할 만큼 했다'라는 생각이 들면 그걸로 된 거다. 더 좋게 여길 필요도 더 나쁘게 여길 이유도 없다. 사랑이든 우정이든.

그래야 늘게 된다

 전혀 감이 오지 않거나 하나도 이해가 되지 않을 때는 잘 모르겠더라도 그냥 반복하는 게 최고다. 처음에는 답답하고, 화도 나고, 그러다 눈물을 쏟기도 하지만 어느 순간 문득 '아, 이게 어려웠던 게 아니라 낯설었던 거구나.' 하고 깨닫는 때가 온다. 그렇게 익숙해지고 잘하게 되는 거다. 그러니까 잘하지 못한다고 해서 움츠러들지 않았으면 좋겠다. 그리고 더 나아가서 정말 하지 못할 것 같을 때 바로 그만두는 게 아니라 조금이라도 더 버티고 한 번이라도 더 해야 늘게 된다. 지금 한계를 느끼고 있다면 혼신의 힘을 다해서 한 발짝이라도 내딛어 보자. 이번만 견디면 도약하는 거라고 생각하면서.

정해진 답은 없다

다 자기만의 방법이 있는 거다. 라면을 끓일 때 수프를 먼저 넣는 사람이 있는가 하면 면부터 넣는 게 당연한 사람이 있고, 알약을 복용할 때 물을 먼저 머금는 사람이 있는가 하면 약부터 넣는 게 익숙한 사람이 있다. 무엇이 반드시 맞고 다른 무엇이 반드시 틀린 것은 아니다. 그러니까 일방적으로 개인의 방식을 타인에게 강요하는 사람들의 말에 억지로 수긍하거나 인정하지 않아도 된다. 곰곰이 생각해 보면 그건 꽤 무례한 거다.

나이가 들수록 공감하는 것들

1. 어릴 때가 정말 좋을 때였다.
2. 먹고사는 건 생각보다 훨씬 더 어려운 일이다.
3. 나보다 더 대단한 사람들이 너무나 많다.
4. 아프고 힘들어도 돈을 벌러 나가야 한다.
5. 건강은 정말 건강할 때 챙겨야 한다.
6. 친구들과 다 같이 얼굴 보는 게 쉽지 않다.
7. 사회생활과 인간관계가 전부 노동이다.
8. 고민과 걱정은 해도 해도 끝이 없다.
9. 시간이 점점 빠르게 흘러간다.
10. 사는 게 아니라 살아 내는 기분이다.

시차가 생기지 않게

 안정된 일상을 보내고 싶다면 마음을 현재에 두어야 한다. 육체는 여기에 있는데 정신이 과거나 미래에 가 있으면 삶이 불안정해질 수밖에 없다. 몸과 마음을 한곳에 두려는 노력을 부단히 이어 가자. 둘 사이에 시차가 생기면 연연하거나 염려하게 되고 그러면서 서서히 망가지게 될 테니까. 지금 그럭저럭 괜찮다면 그것으로 된 거다. 그 이하도, 그 이상도 걱정할 필요 없다.

15초

 욱하는 감정이 치밀어 오를 때 아드레날린이나 도파민 같은 자극 물질이 순식간에 활성화되는데 그렇게 고조된 흥분이 가라앉기까진 최소 15초가 필요하다고 한다. 그러니까 마음이 격해질 때는 말이든 행동이든 일단 멈추고 그 자리를 벗어나서 천천히 숨을 고르는 게 현명하다. 감정에 휘말려 저지른 언행은 대부분 되돌릴 수 없고, 후회는 뒤늦게 해 봐야 의미가 없으니까.

이루는 중이다

갑각류는 탈피할 때 가장 연약해진다. 상처받기 가장 쉬운 상태가 되는 것인데 아이러니하게도 그런 순간에 성장한다. 당신의 마음도 비슷하다. 간절히 바라는 목표가 있고 그것에 다다르기 위해 열심히 나아가고 있는데 아직 성과는 보이지 않고 날로 날카로워지는 주변의 시선들 때문에 몸도 마음도 약해져 자꾸만 무너지고 있다면 오히려 더욱 무너져도 된다고 말해 주고 싶다. 지금의 모습이 아주 엉망진창이어도 괜찮다. 누구보다 간절히 공들이고 있으니 그걸로 됐다. 당신은 어김없이 이루어 내는 중이니까. 버티고 있는 오늘이 내일의 당신을 더욱 단단하게 만들고 있음을 잊지 말자.

걱정하지 말자

저마다 주어진 상황에서 힘겹게 고군분투하고 있음을 안다. 쉽지 않은 여건 속에서도 최선을 다하며 희망을 잃지 않고 나아가는 당신. 때로는 현재가 불안하고 미래가 두렵게 느껴지는 날도 있겠지만 그렇다고 해서 또 지나치게 걱정하지 않았으면 좋겠다. 과거의 숱한 노력이 당신을 이토록 든든히 지켜 내고 있으니.

결국 오더라

    진심이었기에 바라던 대로 되지 않았을 때 뒤따르는 실망과 상실은 어쩌면 피할 수 없는 것이었는지도 모른다. 하지만 지금의 이 감정은 당신이 얼마나 마음을 다했는지를 보여 주는 값진 흔적이다. 믿기 어려울 수 있겠지만, 진심이 닿은 곳에는 아주 소중한 것들이 남는다. 그리고 그것들은 언젠가 훌륭한 자양분으로서 제 역할을 다할 거다. 비록 전부 다 포기하고 싶은 심정이겠지만 자책하지 말고 조금만 더 참고 기다려 보자. 버티고 견디니까 오더라. 좋은 순간도, 좋은 나날도.

그냥 살아 봐야지

얼마나 영화 같은 삶을 살겠다고 그토록 주저하고 망설였을까. 이제는 해 보고 싶던 것들 다 하면서 살아야지. 밤늦게까지 밀린 드라마를 보며 울어도 보고, 가격 때문에 고민하던 물건을 일시불로 저질러도 보고, 서로 관심사가 맞는 모임에 나가도 보고, 마음에만 담아 두던 말들을 용기 내어 건네도 보고, 예전부터 가고 싶던 곳으로 혼자서 떠나도 보고 그래야지. 여기저기에서 인생은 생각보다 짧고 별거 없다고 하니까 그냥 마음이 가는 대로 살아 보기도 해야지. 인생에 그런 시기도 있는 거지, 뭐.

엉킨 하루도 괜찮다

 속상한 일은 늘 예고 없이 찾아왔을 거고 난장판이 된 하루를 정리하는 건 온전히 당신의 역할이었을 거다. 어떤 날에는 '오늘 무슨 날인가', '왜 이러지'라는 생각이 들었을 수도 있다. 하지만 당신도 알다시피 모든 날을 조금의 결점도 없이 살아 내겠다는 것은 욕심이다. 인생이라는 게 본래 완벽과는 거리가 먼 날들의 반복이니까. 그중에는 아수라장이 되는 날도 있을 거다. 그러나 말썽을 부리는 날도 삶의 일부임을 인정하자. 그때 비로소 마음은 한결 편안해질 수 있다. 조금 엉킨 하루도 나름대로 괜찮다고 여길 수 있기를.

조금만 간단해지자

    단순하게 생각하면 훨씬 편하게 살 수 있다. 좋은 일이 생기면 내 일처럼 기뻐해 주고, 좋지 않은 일이 생기면 마음을 다해 위로해 주고, 서운한 일이 생기면 감정을 솔직히 털어놓고, 잘못한 일이 생기면 시인하고 용서를 구하면 된다. 무엇을 자꾸만 복잡하게 생각하고, 트집을 잡고, 비꼬고, 숨기고, 피하려 들면 스트레스만 잔뜩 쌓여서 이내 정신이 병들게 된다. 우리 그냥 좀 간단해지자. 머리가 아프고 가슴이 시리지 않게.

정말 아무것도 아니다

    괜찮다. 이까짓 거, 정말 별것도 아니다. 툭툭 털고 일어나 다시 나아가면 된다. 당신을 전적으로 믿고 열렬히 응원하는 사람들을 떠올려 보자. 이토록 든든한 마음들이 뒤에서 받쳐 주고 있으니 두려워하지 않아도 된다. 충분히 더 잘할 수 있는 사람이다. 틀림없이 해낼 수 있는 사람이다. 당신이 무너지고 망하기를 바라는 이들에게 속 시원히 보여 주자. 그들이 틀렸고 당신이 옳았다는 것을.

뇌가 기억하는 하루를 만들자

 뇌는 비슷한 기억이 반복되면 그것을 압축해서 지워 버린다. 모든 순간을 일일이 저장하다 보면 과부하가 걸리기 때문이다. 그래서 어제와 같은 오늘을 살고, 오늘과 같은 내일을 살면 결국 기억 속에 또렷이 남는 장면은 거의 없게 된다. 당장 엊그제 점심에 무엇을 먹었는지 떠오르지 않는 것도 바로 이러한 이유다. 물론 저마다 소화해야 하는 일상이 있을 테니 날마다 새롭고 특별하게 보내기는 어렵겠지만, 그래도 종종 우리의 뇌가 오래도록 잊지 못할 순간을 만들며 살아가자. 당연히 잊히는 시간이라고 해서 무가치한 것은 아니지만 이왕이면 흐뭇한 마음으로 간직할 수 있는 추억들이 다채로웠으면 좋겠다.

모든 행복과 행운이 당신 것이기를

 행운 또는 행복. 아니, 둘 다. 이 세상의 모든 좋은 일이 당신에게 스며들었으면 좋겠다. 다시 해 보자. 저번에도 해냈으니 분명 이번에도 해낼 거다. 그러지 못할 이유는 또 뭐람. 너무 많이, 너무 오래 생각하지는 말자. 별일 없이 괜찮을 거다. 여실히 잘했고, 여전히 잘할 거고, 여느 날처럼 잘하고 있다. 때때로 잠깐 흔들릴 수는 있어도 끝끝내 가장 당신다운 모습으로 피어나기를. 그리고 찬란히 빛날 앞날에 무수한 기적이 일어나기를. 파이팅.

그래서 쓰는 글

 말은 글보다 흘려버리기에 더 좋고 글은 말보다 간직하기에 더 좋다. 그래서 의사를 전달할 때 다소 차가울 수 있지만 상처받지 않았으면 하는 내용은 말로 하고, 도착한 마음에 따뜻이 오래 머물렀으면 하는 내용은 글로 전하는 편이다. 그래, 그래서 당신이 다치지 않고 불안에서 벗어나 길이 행복했으면 좋겠다고. 우리 서로 이름도, 얼굴도 모르는 사이지만 이렇게 열원하는 사람이 있다는 걸 잊지 말라고.

3장

돌고 돌아 전부 다 나아질 테니

결국 좋은 날은
어김없이 찾아오게 되어 있다

보잘것없어 보여도

　가끔은 자기 자신이 참 보잘것없어 보일 때가 있다. 그동안 해 온 일도, 지켜 온 관계도, 앞으로의 계획까지 괜히 무의미하게 느껴지고, 혹여나 이게 나의 전부일까 봐 마음 한구석이 침울해진다. 그냥 누군가 "너 지금도 충분히 잘하고 있어", "넌 무조건 잘될 거야"라고 말해 주었으면 하는 그런 날. 하지만 남들보다 좀 뒤처진다고 해서 그게 반드시 나쁘거나 틀린 것은 아니다. 중요한 것은 속도가 아니라 방향이다. 누가 먼저 앞서가든 거기에 너무 흔들리지 말고 스스로를 더 믿고, 주어진 상황에 더 깊이 몰입하자. 그러다 보면 역전할 수 있는 날도 찾아올 테다. 결국 해내는 건 자신의 가능성과 잠재력을 끝까지 믿고 나아가는 사람이라는 것을 마음 깊이 새기자.

그때는 최선이었다

 우리는 늘 선택의 갈림길에 서서 끊임없이 결정하며 살아간다. 지나고 나서야 '그때 왜 그랬지' 하고 되묻게 될 때도 있지만 확실한 것은 그때는 그게 최선이었다는 점이다. 미래를 장담할 수 없는 상황에서 미숙한 부분이 많았던 자신이 내린 결정을 끝없이 붙잡고 자책할 필요는 없다. 누구나 실수를 하고 부족하기 마련이니까. 중요한 건 아쉬움을 반복하지 않고, 모자람을 보충하며, 꾸준히 발전해 나가는 일이다. 그러면 된다.

정말 원하는 것

   남들이 다 그럴 거라고 했던 일이 있었는데 지나고 보니 꼭 그렇지도 않더라. 남이 하는 말은 그냥 참고만 했으면 한다. 누군가가 이건 어떻고 저건 어떻고 하더라도 모든 결정은 당신의 마음에 달려 있다. 결국 책임지는 것도, 감당하는 것도 당신의 몫이다. 그러니까 부디 내면의 소리에 집중하기를. 진정으로 자기가 원하는 것을 하지 않으면 결국 이상한 것을 하게 된다.

저마다 구김과 얼룩이 있다

완벽한 삶이란 없다. 누구나 각자의 구김과 얼룩을 끌어안고 산다. 그러니 남을 너무 부러워하거나 시샘하며 자신을 초라하게 여기지 말자. 당신이 지금 무기력하다고 느끼는 오늘이 누군가에게는 간절히 살아 내고 싶은 마지막 하루일 수 있다. 자칫 불행처럼 보이는 순간조차도 얼마나 감사하고 다행인지 우리는 자주 잊는다. 기억하자. 행복은 먼 데 있지 않고 결국 마음먹기에 달려 있다는 것을.

기분이 태도가 되지 않게

 하루가 유독 길게 느껴지는 날이 있다. 도무지 형용할 수 없는 감정에 온종일 짓눌려 있는 그런 날. 그럴수록 말을 최소화하고 행동을 간소화하며 더욱 조심해야 한다. 자칫 기분이 태도가 되어 실수로 번지기 쉽기 때문이다. 감정에 휘둘리지 말자. 성숙한 사람이라면 자신의 감정은 스스로 다스릴 줄 알아야 한다.

다른 선택지도 있으니까

사실 모든 게 결국 행복해지자고 하는 일인데 결과를 위한 과정이 온통 불행하기만 하다면 과연 그 애씀이 그럴 만한 의미가 있는 것인지 다시금 생각해 볼 필요가 있다. 한 번의 좋음을 위해 아홉 번의 나쁨을 감당하고 있는 게 정말 스스로를 위해 바람직한 판단인지 말이다. 무엇이 되었든 억지로 유지하고 있고 자주 한계를 느끼고 있다면 다른 선택지를 고려해 보는 것도 괜찮다.

파이팅

 오늘도 맺힌 감정을 꾹꾹 눌러 삼킨 사람아, 살아 내는 것은 자주 버겁고 마음은 쉽게 지치지만 그래도 우리 조금만 더 힘을 내 보자. 분명 기분 좋은 일이 생기고야 말 테다. 아무렴, 그렇고말고. 부디 행복으로 기다려 주었으면 좋겠다.

하루하루를 버텨 내는 방식

때때로 하고 싶은 일을 하고 수시로 하기 싫은 일을 하며 산다. 어제도 그랬고, 오늘도 그렇고, 내일도 그럴 테다. 그래서 사랑하는 것을 다루는 시간에는 최대한으로 집중하려고 하고 미워하는 것을 다루는 시간에는 최선으로 즐기려고 한다. 쉽지 않은 세상을 나름대로 버티기 위해 이런 마음으로 지내고 있다. 모든 순간을 좋아할 수는 없지만 덜 싫어하는 방법은 익힐 수 있으니까.

처음부터 멋진 어른은 없다

처음부터 '멋진 어른'이라는 건 없다. 이걸 바꿔서 말하면 '그만큼 실수했고, 무너졌고, 상처받았고, 아팠지만 결국 이겨 낸 사람'이니까. 그러니까 일이 좀 어긋났다면 '난 도대체 매번 왜 이럴까'보다 '이 또한 내가 성장하고 성숙하는 과정이구나'라고 여겼으면 좋겠다. 지금 이 순간에도 당신은 묵묵히 근사해지고 있다.

대인 관계를 병들게 하는 것들

1. 믿음을 저버리는 행위.

2. 잘못을 시인하지 않는 자세.

3. 같은 실수를 반복하는 습관.

4. 괜한 자존심만 앞세우는 태도.

5. 상대방 처지를 고려하지 않는 마음.

6. 돌려 말하며 비꼬는 말투.

7. 자기 뜻대로 조종하려는 욕심.

8. 임의대로 판단하고 결정짓는 방식.

9. 옹졸하게 뒤에서 비난하는 행동.

10. 매번 의존적인 태도를 보이는 성향.

더 나은 사람이 될 수 있게

 아침에 일어나서 물 마시기, 운동으로 활기찬 하루 시작하기, 점심 먹고 가볍게 산책하기, 중간중간 스트레칭으로 몸 풀어 주기, 저녁에 퇴근하고 취미 생활 즐기기, 목욕하고 와서 독서하기, 소중한 사람들에게 종종 안부 묻기, 자기 전에 하루를 정리하며 일기 쓰기 등등. 좋은 습관들로 하루를 조금씩 채우기 시작했다. 그러다 보면 나중에 더 나은 내가 될 거라고 믿는다. 이런 사소함이 실은 전혀 사소하지 않다는 걸 안다.

사람은 자기가 사랑하는 것으로 사랑한다

 사람은 본능적으로 자기가 좋아하는 것에 이끌리게 되는데 이러한 본연의 모습이 사랑하는 사람을 대할 때도 고스란히 나타난다. 꽃을 좋아하는 사람은 꽃다발을 선물하고, 음식을 좋아하는 사람은 맛집을 데려가며, 글을 좋아하는 사람은 손 편지로 마음을 표현한다. 사람은 결국 자신이 아끼고 소중히 여기는 방식으로 사랑을 전한다. 비록 저마다 방식은 다를지라도 이토록 다정한 사랑이다.

그런 일도 있는 거다

 우리는 살면서 수없이 많은 한계와 부당을 마주하게 된다. 때로는 그것을 극복하고 초월하려고 안간힘을 써 보지만 항상 좋은 결과만 있는 것은 아니다. 그럴 때는 이미 벌어진 상황을 그저 담담히 받아들일 줄도 알아야 한다. 현실을 부정하며 억지로 거스르려다 보면 오히려 더 큰 사고와 혼란을 야기할 수도 있다. 사람은 하루에도 수천 번의 생각을 반복하며 살아간다. 그 생각들이 모두 낙천적일 수는 없기에 인정할 것은 인정하고 넘길 것은 넘겨야 한다. 세상에는 그냥 겪어야 하는 일도 있다. 그래, 그냥 그런 경우도 있는 거다.

회복력이 좋은 사람 특징

1. 작은 일에도 감사할 줄 안다.

2. 낙천적인 기질이 있다.

3. 감정 조절 능력이 뛰어나다.

4. 불확실한 상황에서도 중심을 잃지 않는다.

5. 유연하게 사고하고 행동한다.

6. 자기 자신을 잘 이해한다.

7. 타인의 조언을 열린 마음으로 받아들인다.

8. 문제 해결 능력이 탁월하다.

9. 과거의 경험을 자원으로 삼는다.

10. 스스로를 잘 돌보며 관리할 줄 안다.

잘 다독이고 추스르자

정말 이래도 괜찮은 건지 의구심이 들 정도로 그 상황이 아프게 느껴지는 건 어쩌면 마음이 많이 놀라고 다친 상태라는 뜻일 수 있다. 처음 겪어 보는 일이라서, 혹은 익숙한 아픔임에도 여전히 감당하기 어려운 일이기에 마음이 크게 흔들리고 있는 거다. 그럴수록 감정을 부드럽게 다독이고 천천히 추스르는 게 중요하다. 그렇다고 해서 마냥 괜찮을 거라고, 아무 일도 아닐 거라고 가볍게 넘겨야 한다는 말은 아니다. 그런 기분에는 다 이유가 있을 테니 지금은 그저 있는 그대로의 마음에 충실하면 된다. 하지만 아플 때는 아파하더라도 결국에는 다 아물고 진정될 일이라는 것을, 지나가다 보면 잔잔해질 날이 온다는 것을 잊지 말자는 거다. 지금까지 그래 왔던 것처럼 앞으로도 그렇게 흘러갈 테니까.

부스러기

 사는 게 대개 그렇다. 과거는 어느새 미화되기 일쑤였고, 현재는 속절없이 무너지기 쉬웠으며, 미래는 막연히 불안으로 다가왔다. 어떤 날은 배겨 내는 것만으로도 대단했지만 다른 어떤 날은 아무런 저항도 소용없었다. 그런데도 포기하지 않고 매일을 살아 낼 수 있었던 가장 큰 이유는 언젠가 좋은 날이 올 거라는 믿음과 언제나 날 응원해 주는 다정한 마음들 덕분이었다. 여기서 하나 콕 짚고 싶은 게 있다. 지나간 시간 중에 헛된 순간은 없었다는 것. 자잘한 모든 부스러기들은 하나둘씩 모여 나름의 의미가 되었고 결국 단단히 뿌리내린 자존의 밑거름이 되었다. 소중한 이름아, 좋은 날들은 차례가 되면 어떻게든 반드시 찾아온다. 그렇게 믿고 있으면 정말 그렇게 된다. 그러니 기운을 내자. 마음에 들지 않는 오늘도 나중에 떠올릴 날이 온다.

오뚝이 같은 사람

    그때그때 벌어지는 상황에 따라 마음속에서 일어나는 감정에 성실하자. 아프면 아픈 대로, 슬프면 슬픈 대로. 너무 괜찮은 척을 할 필요도, 괜히 잘 지내는 척을 할 이유도 없다. 굳이 회피하거나 꾸며 내지 않아도 당신의 마음은 나름의 규칙과 질서를 가지고 스스로 거쳐야 할 과정을 잘 끝마칠 거다. 그리고 마침내 기다리던 안온을 되찾을 거다. 내면에 깃들어 있는 회복 탄력성과 자기 복구력을 믿어 보자. 어떤 위기 속에서도 그것들이 당신을 구해 낼 테니.

여전히 빛나고 있다

어느 날 유튜브에 실험용 우주선 하나가 시험 비행에서 폭발하는 영상이 올라왔다. 검푸른 빛 하늘 위에서 산산이 부서지는 그 장면은 마치 수많은 유성이 떨어지는 모습을 연상케 하며 많은 사람들의 시선을 사로잡았다. 그 영상을 여러 번 반복해서 보고 나니 문득 이런 생각이 들었다. 인생에서 꼭 성공만이 값진 것은 아니라고. 실수와 실패에도 깊은 의미가 있다고. 노력을 쏟은 불완전함은 부산물조차 아름답다고. 바라던 대로 되지 않더라도 기죽지 말자. 자책은 더더욱 하지 말고. 잠깐 어긋난 일 하나쯤은 전체를 놓고 보면 그다지 큰 영향을 주지 않는다. 사는 게 뜻대로 되지 않아도 당신은 지금 이 순간 여전히 과정과 배움 안에서 빛나고 있다. 발화하는 당신, 의심할 여지 없이 참 눈부시다.

어쩌면 행복일지도

  당장 크게 불행한 일이 없다면 어쩌면 지금이 행복한 상태가 아닐까. 좋은 일이 많이 생기는 것도 경사이지만 나쁜 일이 일어나지 않는 것 역시 귀한 행운일 테니까. 행복의 맵시는 꼭 하나가 아닐지도 모른다.

좀 나쁠 수도 있지

 일고여덟이 나름대로 괜찮거나 좋으면 두셋은 좀 나쁠 수도 있는 거다. 살면서 이것을 인정할 줄 알아야 한다. 이런 상황도 있는 거고 저런 사람도 있는 거다. 그럴 수도 있는 거다. 어떻게 일어나는 일이 열이면 열 다 좋을 수만 있을까. 당연히 어느 누구나 자기 자신에게 기쁜 일만 생기기를 바랄 테고 그런 마음을 이해하지 못하는 것은 아니지만, 사실 그것은 엄연히 욕심에 가깝다. 그리고 그런 마음이 과하면 오지 않아도 될 불행까지 초래할 수 있고 멀쩡히 잘 오고 있던 행복도 되돌려 보내야 하는 빌미가 될 수 있다는 것을 잊지 않아야 한다. 그러니까 맑은 날에 먹구름 같은 일이 찾아왔다면 이렇게 생각하자. '비가 좀 올 수도 있지'라고.

스스로를 망치고 있던 행동들

1. 배부른데도 계속 먹기.

2. 하루 종일 아무것도 하지 않기.

3. 늦은 시간까지 깨어 있기.

4. 습관적으로 술 마시고 담배 피우기.

5. 불규칙적으로 생활하기.

6. 자기 관리 소홀히 하기.

7. 우울한 마음 방치하기.

8. 사람들로부터 멀어지기.

9. 항상 지나치게 걱정하기.

10. 여기저기 감정 낭비하기.

감정은 지나가고 진실은 남는다

 인생이 쉽지 않을수록 느낌과 사실을 명확히 가려야 한다. '나는 하찮고 쓸모없는 사람인가 봐'라는 마음은 일시적으로 느끼는 감정일 뿐이고 '나는 귀하고 필요한 사람이야'라는 생각은 변하지 않는 진실이라 할 수 있다. 일시적인 문제 때문에 지속적으로 무너지지 말자. 당신이 이 세상에서 꼭 해 주어야 하는 일이 얼마나 많은데.

움직이자

매번 완벽히 해내지 못하더라도 매일 꾸준히 해 보려는 마음이 매우 중요하다. '다음에 제대로 하겠다'라고 하는 사람과 '일단 시도해 보겠다'라고 하는 사람의 차이는 하늘과 땅이니까. 너무 오래 머뭇거리며 망설이지 않기를 바란다. 생각이 늘어날수록 용기는 줄어들게 된다. 결국 움직이는 쪽이 뭐라도 이룬다.

다른 걸 해야 달라진다

 달라지고 싶다면 기존에 해 왔던 것과는 전혀 다른 것을 해야 한다. 그동안 망설였던 일에 용기를 내어 보고, 항상 피하려고만 했던 감정을 정면으로 마주해 보고, 익숙한 생각의 틀에서 벗어나 전혀 다른 시선으로 이해해 보고, 두렵고 낯설더라도 새로운 환경 속으로 과감히 걸어 들어가 봐야 한다. 이렇게 더 넓은 세상을 마주하겠다는 마음가짐이 있어야 한다. 제자리에서 계속하던 것만 반복하면 큰 변화를 기대할 수 없다.

그냥 해야 한다

　번번이 느끼는 점인데 무엇이든 하기로 마음먹었을 때는 오래도록 생각하지 말고 그냥 시작해야 한다. 생각이 길어질수록 핑계, 변명, 자기 합리화가 쌓여서 몸을 더 무겁게 만들고 끝내 발목을 잡기 때문이다. 피곤하면 피곤하다고, 바쁘면 바쁘다고, 귀찮으면 귀찮다고, 무기력하면 무기력하다고. 그렇게 나약해지고 나태해지다 보면 또 미루게 된다. 일단 그냥 하자. 그래, 그냥 해야 한다. 기분은 사라지지만 결과는 남는다는 것을 잊지 말자.

당신이 있어야 이 세계도 있다

 살아가면서 우선순위를 정하는 건 중요한 일이다. 그리고 당신의 삶에서는 무조건 당신이 1순위여야 한다. 그러니까 스스로를 희생하면서까지 다른 무엇을 위해 애쓰려는 생각은 접어 두자. 사랑도, 이별도, 인간관계도, 일도 결국 당신이 잘 지내야 더 잘할 수 있는 것들이다. 자신의 마음에 초점을 맞추고 흘러가는 하루에 온전히 몰입할 수 있기를. 그렇게 기쁜 나날을 살아갈 수 있기를. 당신이 있어야 이 세계도 있는 거다. 그만큼 중요하고 대체 불가능한 존재다. 언제 어디서든 이 사실을 잊어버리지도, 잃어버리지도 말고 매 순간 마음 깊이 간직하며 살자.

줏대 있게 살자

당신이 다시 좀 잘해 보겠다고 다짐했을 때 그 각오에 딴지를 거는 사람들의 의견은 철저히 배척해 버리자. 응원이나 지원을 해 주지는 못할망정 '다 위해서 하는 말'이라며 어떻게든 현실을 말해 주면서 깎아내리고, 가르치려고 하면서 기죽게 만들고. 그 수요 없는 대단한 조언으로 자기 앞가림이나 제대로 하라고 하고 그냥 무시하자. 당신 인생은 당신이 살아야 한다. 남의 말을 다 듣고 남의 눈치를 다 보면서 살면 그건 남의 삶이지 당신의 삶이 아니다. 어차피 살아 내는 것에 대한 답을 전부 제대로 아는 사람은 없다. 그러니까 자신의 생각대로 자신 있게 살자. 줏대 있게 나아가야 한다.

필요한 결정

"원래 다들 그런 거고 그래서 무조건 참아야 한다"라는 말에 당위는 없다. 당신을 그토록 괴롭게 하는 것이라면 언제든 내던지고 도망쳐도 된다. 그러나 지금의 기분에 다소 충동적인 면이 있다면 잠시 결정을 보류하는 것도 좋다. 그리고 나서 당신을 괴롭히는 것들을 인내했을 때 벌어지는 결과에 대해서도 한 번 더 생각해 봤으면 좋겠다. 신중해서 나쁠 것은 없으니까. 하지만 충분한 시간을 가졌음에도 불구하고 마음에 일말의 변화도 없다면 그 이후에 내리는 모든 선택은 당신에게 아주 필요한 결정인 거다.

아닌 것 같다면

　성실히, 열심히, 꾸준히 하되 유연하게 피하고, 내려놓고, 벗어나자. 어떻게 모든 걸 번번이 떠안고 살 수 있을까. 마음을 괴롭게 만드는 사람과 상황도 어디까지나 당신이 그 환경 안에 있을 때 유효한 이야기다. 계속해서 '이건 아닌 것 같은데'라는 느낌이 든다면 아마도 정말 그럴 확률이 높다. 이제는 진정으로 스스로를 위한 결심과 결정을 내릴 수 있기를. 그리고 진심으로 자기 자신을 위할 수 있기를 바란다.

마음이 튼튼한 사람의 특징

1. 안팎의 환경으로 인해 쉽게 흔들리지 않는다.

2. 실수와 실패를 겸허히 받아들인다.

3. 자신의 감정을 능숙히 다스린다.

4. 타인과 자신을 비교하지 않는다.

5. 침착하게 문제를 해결하려고 노력한다.

6. 남들의 시선에 자신감과 자존감을 의탁하지 않는다.

7. 이해심과 인내심이 크고 유연한 사고를 한다.

8. 언제나 스스로를 믿고 응원하고 지지한다.

9. 힘든 상황 속 나 자신에게 공감을 잘한다.

10. 좋은 생각에 오래 머무르려고 한다.

일시 정지

    때때로 막히는 게 있거나 뜻대로 풀리지 않는 게 있으면 일시 정지를 누르는 편이다. 일단 잠시 멈춰서 다른 곳을 응시하며 마음을 가다듬거나 아니면 아예 엉뚱한 것을 하다가 돌아와서 다시 상대하곤 한다. 그러면 또 앞으로 나아갈 기운이 생기거나 새로운 방향으로 돌아설 용기가 생기곤 했다. 시간은 무한하지 않고 오늘도 서둘러 처리해야 할 문제들이 많겠지만 더 나은 방법을 찾고 더 많은 힘을 내기 위해서 여유를 가지고 차분함을 잃지 않으려고 노력한다. 급하고 어려울수록 침착하고 단순하게. 그러나 과감하게. 요즘 내가 인생을 풀어내는 방식이다.

지는 게 나을 때도 있다

하고 싶은 말을 다 하면서 살 수는 없다. 그래서 한마디 더 보태고 싶을 때 참는 힘을 기르는 중이다. 불필요한 감정 낭비를 일으키고 싶지 않아서. 이긴 게 꼭 이긴 게 아니고, 진 게 꼭 진 게 아님을 깨닫게 될 때 한층 성장했고 성숙해졌음을 느낀다. 그렇게 어른에 가까워지는 중이다. 어떤 사람에게는 그냥 져 주는 게 오히려 좋을 때도 있고.

그렇게 생각하는구나

 자존감 높은 사람이 되었으면 좋겠다. 세상에는 생각보다 남을 헐뜯으며 우월감을 느끼려는 사람들이 많다. 그런 부류들이 분명 당신에게도 날을 세우고 상처를 주려고 할 텐데 그럴 때 그냥 "아, 그래? 그렇게 생각하는구나. 그럴 수도 있지. 나는 그런 말을 처음 들어 봐서." 하며 가볍게 웃어넘겨 버릴 수 있었으면 한다. 당신이 발끈하기만을 기다리는 사람에게 반응해 줄 필요 없다.

모서리가 없는 사람

　솔직하고 담백한 사람으로 살아가고 싶다. 시도 때도 없이 쓸데없는 자존심을 부리지 않고, 잘못한 일에는 진심으로 사과하고, 모르는 것을 함부로 아는 체하지 않고, 남의 이야기를 임의로 부풀리지 않고, 자기만 생각하며 거짓말을 일삼지 않으며, 아니다 싶은 것은 빠르게 인정할 줄 아는 그런 됨됨이를 가진 사람. 둥글둥글. 마음에 모서리가 없는 사람으로 지내고 싶다. 누군가를 싫어하는 감정보다 좋아하는 감정을 더 많이 지니며 살아가고 싶다. 물론 나쁜 사람들로부터 스스로를 빈틈없이 지켜야겠지만.

나중에 다 돌아온다

사람은 자기가 가진 언어대로 살게 되어 있다. 비관적인 말을 주로 사용하는 사람은 부정적인 삶에 머무르기 쉽고, 낙관적인 말을 주로 사용하는 사람은 긍정적인 삶에 물들기 쉽다. 결국 말은 길을 만들고 마음을 빚어낸다. 그러니 주변 사람들과 자기 자신에게 다정한 말을 아끼지 말자. 언젠가 당신에게서 위로받은 마음들이 다시 당신을 살며시 안아 줄 테니까.

단단한 일상을 만드는 생각

1. 즐겁고 행복하게 지내는 게 최고다.

2. 좋게 생각하면 얼마든지 다행인 일이 된다.

3. 작은 것에도 감사하는 마음을 가지고 살자.

4. 무슨 일을 하든지 언제나 최선을 다하자.

5. 다른 사람의 언행에 휘둘리지 않아도 된다.

6. 아닌 것 같은 관계는 단호하게 끊어 버리자.

7. 거짓말을 하는 것보다 솔직한 게 더 낫다.

8. 들었다고 다 믿지 말고 가볍게 옮기지도 말자.

9. 인생은 좋은 상황과 좋지 않은 상황의 반복이다.

10. 스스로를 잃어 가면서까지 해야만 하는 것은 없다.

나도 모르는데

나조차 내 마음을 모를 때가 있는데 어떻게 남이 항상 알아주기를 바랄 수 있을까. 그 사람도 마찬가지로 자기 마음속 어딘가에서 헤매고 있을 텐데. 타인에게 너무 많은 것을 기대하지 말자. 바라는 게 많을수록 버려지는 마음도 커진다. 기대하지 않으면 섭섭할 일도, 마음 다칠 일도 줄어든다.

꽝

 꽝인 날이 있다. 전부 다 언짢고 마음도 옹졸한 상태인 그런 하루. 이런 날에는 자기 자신을 돌보기 위한 대처가 필요하다. 결국 잘 지내려면 잘 지내지 못할 때 어떻게 하루하루를 수더분히 살아 낼 것인지 자기만의 노하우가 있어야 한다. 이를테면 현실을 잠시 잊게 만드는 취미가 있다든지, 어려움을 털어놓을 수 있는 친구와 시간을 보낸다든지, 기분을 환기해 주는 맛있는 음식을 먹는다든지 말이다. 설령 아무것도 하지 못하는 날에도 스스로를 몰아붙이지 말고 그날의 무게를 가만히 안아 주는 연습을 해 보는 것도 좋다. 삶은 늘 완벽하지 않아도 괜찮다고 소중한 나에게 말해 주자. 그래야 또 산다.

그렇게라도 지키고 싶었나 보다

 사람이 망각의 동물이라 참 다행이다. 물론 이따금 '와, 어떻게 이걸 잊어버리지?' 아니면 '아, 그게 뭐였지?' 하면서 스스로가 한심하게 느껴질 때도 있다. 하지만 이상하게도, 이런 나 자신이 동시에 기특하기도 느껴지기도 한다. 아픔을 되풀이하지 말라고 내가 나 몰래 그동안의 힘듦을 잊어 낸 것 같아서. 그렇게라도 날 지키고 싶었나 보다.

고이다 보면 위험해진다

　행복과 불행은 언제든 갑자기 찾아올 수 있다. 어느 날 당신에게 좋은 일이 생겼다면 당연히 그 시간을 십분 누리기를 바란다. 하지만 반대로 나쁜 일이 생겼을 때는 그 상황에 너무 깊이 매몰되어 있지 않았으면 좋겠다. 다시 말하지만, 행복과 불행은 계속해서 오고 간다. 무조건 아낀다고 해서, 무작정 참는다고 해서 좋은 게 아니다. 가령 웃음을 아끼기만 하면 마음에 사막이 생긴다. 그렇게 계속 메말라 가면 모래 폭풍이 몰아치기도 한다. 또, 울음을 참기만 하면 마음에 바다가 생긴다. 그러다가 날이 좋지 않으면 해일이 덮쳐 오기도 한다. 인간적으로 우리, 웃고 싶을 때는 웃고 울고 싶을 때는 울자. 감정이라는 게 계속해서 고여 있으면 반드시 문제가 생길 수밖에 없다.

언제나 알맞게

 어떤 일에 집중하는 것은 좋지만 한 가지 일에만 매몰되는 것은 오히려 위험하다. 과몰입하게 되면 본인이 지금 나쁜 일에 정신을 쏟고 있어도 정작 뭐가 문제인지 모르게 된다. 그리고 만일 해당 일이 뜻대로 되지 않았을 때 모든 것을 쏟아부었던 마음이 거대한 상실감에 빠질 수도 있다. 그렇기에 관심사를 여러 개 두고 살아갔으면 좋겠다. 언제나 알맞게. 한도를 초과하거나 균형을 잃는 것을 늘 경계해야 한다.

부단히 힘을 실어 주자

 그저 시간이 흐른다고 해서 모든 문제가 원만히 해결되는 것은 아니다. 문제는 시간이 해결해 주는 게 아니라 그 시간 속에서 성장한 나 자신이 마침내 풀어내는 것이다. 그렇기에 언젠가 괜찮아질 거라는 막연함에만 기대지 말고, 적극적으로 스스로에게 힘을 실어 주자. 그럼에도 분명 가끔은 역부족이라고 느껴지는 순간을 마주하겠지만 그 또한 괜찮다. 스스로를 부단히 밀어주다 보면 결국 무엇이든 이겨 낼 수 있을 테니까.

의외로 효과가 좋은 행동

생각이 많을 때 → 일기 쓰기

불안할 때 → 명상하기

지쳤을 때 → 낮잠 자기

우울할 때 → 운동하기

스트레스를 받을 때 → 산책하기

화났을 때 → 깊게 호흡하기

여유가 없을 때 → 음악 듣기

번아웃이 왔을 때 → 책 읽기

공허할 때 → 여행 떠나기

외로울 때 → 친구 만나기

불면증에 시달릴 때 → 스크린 타임 줄이기

자기애는 구원이다

매우 흥미로운 것은 사람은 자기가 생각한 만큼 사랑받을 수 있다는 점이다. 자기애가 클수록 세상으로부터 받을 수 있는 사랑의 크기도 커진다. 그러니 스스로가 못나고 초라한 존재라고 여겨질 때면 이렇게 생각하자. '세상에는 내가 잘 풀리기를 바라며 응원하고 있는 사람들이 생각보다 엄청 많다'라고. 자존감도 노력하면 지킬 수 있고 더 나아가 끌어올릴 수 있다. 그렇게 알고 한숨 푹 자고 일어나자. 덜 힘들어질 거고, 더 나아질 거다. 기어이 괜찮아질 거다.

잘 살아 내기 위한 진실들

1. 완벽하지 않아서 힘들다. 우리는 늘 부족하다고 느낀다. 실수하면 자책하고, 자책하면 기운이 꺾인다. 하지만 모든 순간에 완벽해야만 하는 이유라는 건 애초에 없다.
2. 남과 비교할수록 더 아프다. 타인의 기준으로 자신을 재는 순간부터 삶은 불행해진다. 애초에 사람마다 속도도, 방향도 다를 수밖에 없다.
3. 과거에 머무르면 앞으로 나아갈 수 없다. 멈춰 선 마음으로는 흘러가는 시간을 따라갈 수 없다. 지나간 일보다 지금 할 수 있는 것에 집중해 보자. 오늘의 내가, 내일의 나를 빛낸다.
4. 행복은 멀리에 있는 게 아니라 가까이에 있다. 행복은 행운처럼 언젠가 찾아오는 특별한 것이 아니라 사소한 순간 속에 늘 존재한다. 당연하게 여겼던 모든 것들을 유심히 들여다보자.

5. 감사는 삶의 방향을 바꾼다. 인생은 불만이 쌓일수록 무겁고 험난해지지만 감사가 쌓일수록 가볍고 순탄해진다. 지금 가지고 있고 누리고 있는 것에 소중함을 느끼자.

6. 그동안 수없이 견뎌 낸 당신이다. 단순히 시간이 약이라고 생각하지 않는다. 그동안을 악착같이 살아 낸 당신이 마주한 문제를 해결할 수 있었던 거다. 그러니 앞으로도 늘 스스로를 믿고 응원해야 한다.

7. 아무리 힘들어도 다 지나간다. 지겹도록 힘든 날들도 결국 끝이 있다. 아픔은 희미해질 거고 상처는 옅어질 거다. 그렇게 다시금 따뜻한 날이 온다.

헛된 수고가 아니다

정말 기나긴 하루였다. 작은 한숨 속에 심란한 것들이 고스란히 실려 나온다. 누가 겪어도 힘든 시간이었을 텐데 잘 견뎌 냈고 잘 버텨 냈다. 살다 보면 이런 상황도, 저런 사람도, 그런 하루도 있는 거다. 오늘만큼은 스스로를 충분히 다독여 주기를. 절대 헛된 수고가 아니었을 거다. 훨씬 더 괜찮은 날이 기다리고 있을 거다.

고민 없는 삶은 없다

사람 사는 이야기 결국 다 비슷비슷하더라. 세상에 고민 없는 삶이 어디 있을까. 다들 자기 나이에 맞고, 상황에 맞는 근심거리가 있는 거지. 그렇지만 걱정 붙들어 매자. 당신은 풀린다. 무조건 잘 풀린다. 너무 멀리까지 지레 겁먹지 말고 지금 당신이 할 수 있는 최선의 선택과 노력을 하자. 그러면 되는 거다. 스스로에게 너무 모질고 매정하게 굴지 않기를. 남들이 모르는 지금 이 순간에도 얼마나 애쓰고 있는지 누구보다 가장 잘 알면서.

당장 버려야 할 걱정

오랜 습관처럼 달고 사는 걱정, 아직 오지 않은 미래를 미리 끌어안는 걱정, 이미 지나간 과거를 되짚는 걱정, 지금 당장 바꿀 수 없는 현실에 매달리는 걱정, 완벽해야만 한다는 강박에서 비롯된 걱정, 타인의 요구에 맞추려다 마음 깊이 자리 잡는 걱정, 혼자서 다 감당해야 한다는 부담에서 오는 걱정, 모두에게 사랑받아야 한다는 착각에서 시작된 걱정, 불안과 우울이 만든 그림자 속에서 느끼는 걱정, 틀어진 일과 인간관계를 붙잡고 놓지 못해 깊어지는 걱정.

실패해 본 사람이 성공할 수밖에 없는 이유

1. 과거의 실패에서 무엇이 잘못됐는지 정확히 안다.

2. 자신의 실수를 외면하지 않고 인정할 수 있는 용기가 있다.

3. 감정에 휘둘리지 않고, 현실을 바라볼 줄 안다.

4. 고통을 지나온 사람은 웬만한 일에 쉽게 무너지지 않는다.

5. 타인의 조언을 겸허히 받아들일 줄 아는 여유가 있다.

6. 조급함보다 꾸준함이 더 멀리 간다는 걸 체감으로 안다.

7. 다시 시작할 수 있었던 자신을 믿고 힘차게 밀고 나간다.

견디는 당신에게

　인생은 견딤의 연속이다. 그중에는 수월한 날도 있고 까다로운 날도 있다. 하지만 한 가지 확실한 것은 굳세게 감내하고 나아가다 보면 결국 바라던 것들을 어떤 형태로든 이룰 수 있다는 사실이다. 비록 당장은 불안정한 마음 때문에 차마 말로 다 하지 못할 만큼 힘들겠지만, 이 순간에도 당신은 쉽지 않은 하루를 원활히 감당해 내고 있음을 기억하자. 그런 당신이, 흔들리지 않고 힘을 냈으면 좋겠다. 마침내 해내고 평안해질 당신에게 무한한 응원을 보낸다. 이 고됨도 훗날 멋진 추억이 되기를.

말려들지 말자

  늦은 밤은 부정적인 생각이 머물기에 되게 위험한 시간이다. 낮에는 무심히 넘겼던 일인데 밤이 되니까 불안이 모든 걸 걸고넘어지기 시작한다. 이럴수록 말려들지 말고 생각을 더 간결하고 단순하게 해야 한다. 지나간 일에 사로잡히지 말자. 마음이 과거에 묶여 있으면 현재도, 미래도 결국 과거처럼 살아야 한다.

기울어지지 말자

 감정은 감정대로 생각은 생각대로. 감성적으로 대해야 할 것이 있는 거고 이성적으로 다루어야 할 것이 있는 거다. 엄연히 서로 다른 것을 임의로 동일시하면 반드시 문제가 생기고 상처를 입게 된다. 삶은 감정과 생각 사이를 오가는 일이기도 하다. 어느 한쪽으로만 기울면 계속 같은 자리만 맴돌게 된다.

나중에 후회하지 않으려면

1. 신났을 때 약속하지 말 것.

2. 성질날 때 저지르지 말 것.

3. 억울할 때 흥분하지 말 것.

4. 불안할 때 돌아보지 말 것.

5. 우울할 때 결심하지 말 것.

6. 힘겨울 때 무리하지 말 것.

7. 외로울 때 연락하지 말 것.

8. 서운할 때 매달리지 말 것.

9. 어긋날 때 자책하지 말 것.

10. 편안할 때 방심하지 말 것.

뜻밖의 좋은 일이 생길 거다

 나이가 들면 들수록 뜻대로 되지 않는 것들이 점점 늘어난다. 때로는 믿었던 노력에 배신을 당하기도 하고 운명이 부리는 심술을 모조리 감당하기도 한다. 그런데 생각해 보면 그 반대인 경우도 참 많았다. 막막하기만 했던 날에 생각하지도 못했던 행운이 선물처럼 찾아온 적도 있었고 벼랑 끝에서 기대하지도 않았던 도움을 받았던 적도 있었다. 그러니까 억지로 부정을 당하고 있는 것처럼 느껴지더라도 제발 포기하지 말아 달라고. 우연히 잘 지내지 못한 만큼 우연히 잘 지낼 수도 있는 거다.

오늘도 살리는 중이다

 우리의 몸은 수십조 개가 넘는 세포로 이루어져 있고 매일 수백억 개의 세포가 사라지고 또 만들어진다. 그중에는 수천 개의 암세포도 생겨나지만, 다행히 대부분은 면역 세포에 의해 제압된다. 이렇게 겉으로는 잘 보이지 않는 곳에서도 수많은 세포들이 묵묵히 당신을 살리기 위해 제 역할을 다하고 있다. 그런데 당신이 당신을 응원하지 않고 포기해 버린다면 그 많은 생명들의 노력이 수포로 돌아가는 게 너무 안쓰럽지 않을까. 우리, 기운을 내자. 당장 몹시 버거우면 잠시 쉬었다가 다시 힘을 내자. 당신은 그저 운이 좋지 않은 날을 살고 있는 것이지 운이 좋지 않은 삶을 살고 있는 게 아니다.

하물며 당신은 오죽할까

  봄이 오면 어여쁜 벚꽃을 피워 내는 벚나무. 이 생명체는 생애 동안 약 30~50회, 회당 1~2주가 되는 개화를 거듭한다. 그렇게 화려히 피어난 꽃잎이 지면 남겨진 꽃받침은 고요히 '버찌'라 불리는 열매를 품는다. 그 속에는 보통 한 개의 씨앗이 들어 있는데 그 안에는 셀 수 없을 만큼의 많은 벚꽃이 잠들어 있다. 이렇게나 작은 생명도 무궁한 잠재력을 가지고 있는데 하물며 당신은 오죽할까. 그러니까 부디 자신의 가치를 조금도 낮추지 않았으면 한다. 당신 안에는 또 다른 우주가 있다.

곧은 마음으로

불안정함이 찾아와서 한바탕 소동을 피울 때마다 되새긴다. 마음을 곧게 펴야지. 구부정한 마음은 어디로든 굴러가서 깨져 버리기 쉬우니까. 느리더라도 확실하게, 조급하더라도 정직하게, 지치더라도 다정하게. 아무리 흔들리더라도 중심을 잃지 않아야지. 그렇게 다잡은 마음이 때로는 쓰러지지 않도록 나를 붙드는 유일한 힘이 될 때도 있으니.

4장

혼자서 너무 오래 헤매지 않기를 바란다고

지나간 것은 그저 지나간 대로
둘 수 있기를 바란다

그럴 만한 일이다

    그럴 만한 일이었다. 남들이 뭐라고 하든지, 적어도 당신에게는 그럴 만한 고통이었고 감당하기 벅찬 일이었다. 어떻게 사람의 감정을 틀에 가두고 말할 수 있을까. 더 아파해도 되고, 더 슬퍼해도 된다. 분명 그럴 만한 상황이었다. 당신의 감정은 당신의 것이다. 해소하는 방식도, 속도도 남의 잣대에 맞추지 않아도 된다.

마음의 날씨 맑음

 당신의 기분이 맑음이기를 바란다. 비가 내리고, 눈이 오고, 구름이 끼고, 바람이 불고, 천둥이 울리고, 번개가 내리치고, 우박이 쏟아지고, 안개가 자욱하고, 황사까지 심하더라도 결국에는 다시금 화창해지기를. 끝끝내 다 괜찮아지고 나아지기를. 그래서 버텨 냈다고, 말썽인 날도 많았을 텐데 잘 이겨 냈다고 스스로를 토닥이며 인정해 줄 수 있기를.

잘 순환하고 있다

 어떤 기쁨은 기대했던 것보다 일찍 떠났고 어떤 슬픔은 바랐던 것보다 오래 머물러 있지만 한 가지 분명한 게 있다. 세상의 모든 것들은 결국 시간의 강물에 실려 기억의 바다로 흘러간다는 것이다. 그리고 나중에 그것들이 다시 일어나야만 하는 시기가 되면 눈과 비가 되어 곳곳에서 흩뿌려진다. 그러니 하나의 장면에 지나치게 연연하지 말자. 지나고 보면 속상했던 일은 제법 아무것도 아니게 되어 있을 거고 즐거웠던 일은 또다시 당신을 잊지 않고 찾고 있을 테니. 부디 염려하지 않았으면 좋겠다. 당신을 둘러싼 모든 인연과 운명은 어느 한 부분도 정체되지 않고 당신이 잘 지낼 수 있도록 무탈하게 순환하고 있다.

더 자주 웃으며 지내자

한 기업에서 우리나라 20~50대 성인을 대상으로 하루에 얼마나 웃고 얼마나 걱정하는지에 대한 통계 조사를 진행한 적이 있다. 조사에 따르면 하루 평균 웃는 시간은 약 1분 30초이지만 걱정하는 시간은 약 3시간으로 나타났다. 사람이 80년을 산다고 가정하면 평생 동안 대략 30일을 웃고 10년을 걱정하며 사는 셈이다. 물론 아예 고민하지 않으며 살 수는 없겠지만 그래도 우리 더 많이 웃고 지냈으면 좋겠다. 내 사람들이랑 좋은 추억 만들면서 더 행복해지자. 유쾌하게 살 수 있다면 가끔은 유치해도, 오버해도, 철없어도 괜찮다.

긍정적인 인생을 사는 방법

1. 매일 아침 일어나면서 파이팅 외치기.
2. 외출할 때는 말끔한 모습으로 나가기.
3. 좋은 사람들과 즐거운 시간 보내기.
4. 유머 감각을 키우고 자주 웃기.
5. 힘들어하는 사람에게 도움 주기.
6. 편식하지 말고 고루고루 맛있게 식사하기.
7. 이왕 하는 일이면 신나고 재미있게 하기.
8. 꾸준한 운동으로 건강한 몸 유지하기.

9. 충분히 쉬면서 잘 회복하기.

10. 지난 실수나 실패를 겸허하게 받아들이기.

11. 미리 걱정하며 불안해하는 마음은 멀리하기.

12. 다시 오지 않을 오늘에 집중하기.

13. 자기 상태를 수시로 들여다보기.

14. 건강한 방법으로 스트레스 해소하기.

15. 목표를 세우고 성취하려고 노력하기.

16. 나에게 선물하는 날 정하기.

17. 청결 관리에 신경 쓰기.

18. 부정적이고 자극적인 콘텐츠 소비 줄이기.

19. 명상을 통해 내면의 평화 찾기.

20. 감사 일기로 하루 마무리하기.

21. 틈틈이 독서하며 마음의 양식 채우기.

22. 나와 내 사람들을 아낌없이 사랑하기.

23. 결국 전부 다 잘 풀릴 거라고 믿기.

24. 너무 늦지 않게 잠들기.

지금의 우리는 다시 오지 않는다

 우리는 여러 시절을 살아가고 그 시기마다 어울리는 사람과 가까워진다. 그렇게 함께하게 된 인연은 저마다의 운명을 품고 있다. 그래서 주어진 시간과 역할을 다하면 거스를 수 없이 추억 속으로 떠나보내야 할 때가 온다. 그러니 지금 옆에 있는 사람에게 최선을 다하자. 오늘이 마지막인 것처럼 애틋한 마음을 나누자. 사랑하면 사랑한다고, 고마우면 고맙다고, 미안하면 미안하다고 말하며 지내자. 인생은 짧고 우리는 영원하지 않으니까. 쓸데없는 자존심과 부끄러움은 당장 내팽개치고 그 관계 안에서 할 수 있는 가장 따뜻한 사랑을 하면서 살자.

비밀이 하나 있는데

 어떻게든 견뎌 낸 모든 시간은 당신의 능력이 되고 노련함이 된다. 헤맨 만큼 자신의 힘이 된다는 것을, 지금의 방황이 절대 헛된 애씀이 아니라는 것을 알았으면 좋겠다. 아, 그리고 비밀이 하나 있는데 살면서 어떤 이유로 마음고생을 하든지 그것들은 결국 사라지거나 해결되더라. 버텨내다가 고비를 맞게 될 때 떠올리면 도움이 될 것 같아서. 당신만 몰래 알고 있으라고.

이유 없이 머무르는 말은 없다

그저 스쳐 지나갈 수 있는 말에도 마음을 열어 보자. 당장은 아무런 의미가 없어 보일지 몰라도 어느 날 문득 떠올라서 도움이 될 때가 있다. 특히 가까운 사람들이 진심을 담아 전하는 말이라면 더더욱 흘려듣지 말아야 한다. 그 안에는 오직 당신을 위한 애정이 들어 있으니까. 이유 없이 곁에 머무르는 말은 없다. 어딘가 저장해 둔 말들이 언젠가 삶의 길잡이가 되어 줄지도 모른다.

좋아하는 게 있어야 한다

　사람은 좋아하는 게 있어야 한다. 누가 물어보면 신나서 대답할 수 있는 거. 시간이 가는 줄도 모르고 하루 종일 몰입할 수 있는 거. 누가 억지로 시켜서 하는 게 아니라 마음이 먼저 원해서 하는 거. 그런 게 최소한 하나쯤은 있어야 지치지 않고 계속 나아갈 수 있다. 좋아하는 것을 되도록 많이 만들자. 인생이 어느 날 갑자기 벼랑 끝처럼 느껴질 때 결국 그런 것들이 모여 당신을 붙잡고 구할 거다. 분명히 어떤 날은 사랑하는 것을 떠올리는 일만으로도 힘이 날 때가 있으니까.

좋은 기억 하나로 평생을 산다

 의미가 깊은 일 앞에서는 꼭 사진이나 영상, 하다못해 글이라도 남겨야 한다. 잊지 말아야 하는 것에 밑줄을 긋고 별표를 치며 여러 번 다시 보는 것처럼 말이다. 애틋한 기억은 그냥 흘려보내기보다 마음속에 선명하게 남기자. 살다 보면 모든 걸 놓아 버리고 싶을 만큼 지치고 힘든 날이 찾아오기 마련인데 그럴 때일수록 소중히 간직해 오던 찰나들이 당신을 다시 일으켜 세우는 힘이 되어 줄 거다. 왜, 사람은 좋았던 기억 하나로도 평생을 살아 낸다고 하니까. 그러니 흔적을 남기자. 이왕이면 곳곳에, 아주 많이, 자세하게도. 이는 곧 스스로에게 건네는 응원이자 무너지지 않게 붙잡아 줄 버팀목이다.

만화 영화

　아주 옛날에 봤었던 만화 영화를 우연히 다시 보게 되면 기분이 무척 반가우면서도 복잡해진다. 어릴 때는 마냥 웃으며 봤던 것 같은데 어른이 되어서 보니 뭉클한 장면들이 참 많다. 우리네 삶에는 지나고 나서야 깨닫게 되는 소중함이 있다. 그 시절, 그 인연. 어쩌면 지금도 그 소중함을 무수히 놓치고 있을지도 모른다. 누리고 있는 상황에 감사하고 곁에 있는 사람에게 더 잘해야지. 셀 수 없는 생각들이 교차하는 오늘이다.

단단한 마음

 단단한 마음은 어떤 경우에도 상처받지 않는 게 아니라 무슨 일을 겪더라도 결국 회복해 내는 거다. 무너지고, 부서지고, 깨어지고, 망가지더라도 다시금 원래 모양을 되찾아 가려는 의지이자 끝내 스스로를 포기하지 않으려는 자기애이다. 그런데 알고 보면 당신의 마음도 이다지 강하다. 그러니 괜한 불안에 휩쓸리지 않기를. 그 마음은 지금 이 순간에도 견고해지고 있고 그 무엇도 당신을 아주 망가트릴 수 없다.

할머니가 늘 하시는 말

　할머니는 전화할 때마다 열이면 열 건강에 대해 이야기하신다. "첫째도 건강, 둘째도 건강, 셋째도 건강이다. 일단 몸과 마음이 건강해야 뭐든 그다음이 있을 수 있는 거다. 잘 먹고, 잘 자고, 언제나 해맑고 즐겁게 지내려무나. 사랑하는 우리 손주." 휴- 내일부터는 정말 식습관도 고치고, 운동도 열심히 하고, 커피랑 술도 줄이고, 좋은 생각도 많이 하고, 제때 잠들어야지. 실은, 나도 내가 더 괜찮았으면 해서.

엄마가 당부했던 것들

1. 건강이 최우선이야. 몸과 마음을 잘 챙겨야 해.

2. 언제나 정직해야 해. 세상에 영원한 거짓은 없으니까.

3. 말하지 않으면 알아주지 않아. 감정을 솔직하게 표현해.

4. 친구를 잘 만나야 해. 이상한 사람이 얼마나 많은데.

5. 실수나 실패해도 괜찮아. 다시 하면 되는 거야.

6. 마음처럼 되지 않을 때도 있을 거야. 너무 절망하지 마.

7. 모든 일에 최선을 다해. 그래야 후회가 덜해.

8. 착한 마음으로 살아. 결국 다 돌아올 거야.

9. 작은 것에도 감사해 봐. 행복이 커질 거야.

10. 스스로를 사랑해야 해. 소중한 존재임을 잊지 마.

아빠가 알려 준 미움받지 않는 방법

1. 듣는 습관을 길러라. 대화는 듣는 것부터 시작된다.

2. 거짓 없이 대해라. 신뢰는 관계의 기본이다.

3. 약속을 꼭 지켜라. 말한 것은 행동으로 보여야 한다.

4. 부드럽게 말해라. 날카로운 말투는 상처를 줄 수 있다.

5. 이해하려고 노력해라. 모든 사람이 같은 마음일 수 없다.

6. 차이를 존중해라. 서로 다르기 때문에 더 애써야 한다.

7. 충분히 소통해라. 관계를 망치는 건 침묵과 상상이다.

8. 감사함을 표현해라. 받은 게 있으면 줄 줄도 알아야 한다.

9. 돈과 시간을 투자해라. 먼저 성의를 보이는 것도 좋다.

10. 미소를 유지해라. 밝은 표정은 마음을 열게 한다.

온실 안의 꽃처럼

 상처를 받으며 성장하는 사람이 있는가 하면 흉터 없이도 잘 자라는 사람이 있다. 이왕이면 당신의 마음은 후자이기를 바란다. 굳이 다치지 말고, 아프지도 말고, 따뜻하고 포근한 환경 안에서 무르익어 가기를. 그 누구도 당신을 망가뜨리지 않고 어떤 세상도 당신을 괴롭게 하지 않고 온실 안의 꽃처럼 고요히 잘 자랐으면 좋겠다. 애써 힘들게 버티지 않아도 괜찮은 삶, 그런 인생이 당신에게 허락되기를.

자존감 충전

너는 유난히 빛나고 정말 최고야. 너처럼 멋진 사람은 좀처럼 없고, 단연 으뜸이며, 아주 짱이고, 세상 제일이야. 진짜 소중하고, 매우 훌륭하고, 더없이 굉장하고, 엄청 대단하고, 몹시 특별해. 정말이지 가만히 보고 있으면 마음이 든든해지고, 네가 있다는 사실만으로도 얼마나 다행인지 모르겠어. 그런 너를 응원할 수 있는 내가 진심으로 행운이라고 생각해. 너는 많은 사람들에게 자랑이고, 위로이자, 감동이고, 기쁨이야. 그러니 기죽지 말고, 고개 들고, 어깨 펴고, 잘 먹고, 푹 쉬자. 나는 네가 조금도 작아지거나 사라지지 않았으면 좋겠어. 너 자신을 깎아내리지 마. 네 잘못이 아닌 일까지 네 탓으로 만들지 않았으면 해. 지금 너 무척이나 잘하고 있어. 어떤 말로도 다 표현 못 할 만큼. 스스로를 토닥여 주자.

괜찮지 않은 순간까지도 이해받을 자격이 있어. 나는 언제나, 어디서나, 어떤 순간에도 네 편이라는 걸 잊지 마.

방전된 거다

살아 낸다는 게 참 쉬운 일이 아니라는 걸 안다. 무기력하고, 피곤하고, 지치고 뭐 하나 제대로 되는 것도 없고. 그런데 생각해 보면 세상이 언제 쉽기만 했던 적이 있었나. 고난과 역경은 늘 곳곳에 도사리고 있었다. 그럼에도 불구하고 지금까지 잘 살아온 당신이었다. 하지만 유독 요즘 따라 모든 게 버겁게 느껴지는 건 아무래도 당신이 방전된 채로 지내 왔기 때문일 거다. 그러니까 평소라면 수월하게 넘길 만한 상황도 그토록 힘들어하고 있는 거겠지. 다른 걸 다 미루어 두고, 지금 해야 할 명백한 것은 충전이다. 생각을 전환하고, 감정도 환기하면서 무엇이든 좋으니 스스로를 채우기에 몰두하자. 속이 든든해야 뭐라도 할 힘이 생기지.

스스로를 지켜야 한다

 당신이 지켜 내는 것이 결국에는 당신을 지켜 줄 것이다. 건강을 돌보면 일상이 유지될 거고, 마음을 보살피면 자존감이 일어설 거고, 믿음을 키우면 관계는 돈독해질 거고, 희망을 품으면 꿈은 자라게 될 것이다. 극진히 지켜 온 모든 것들이 당신을 설명해 줄 것이다. 그러니까 오늘도 부지런히 지키자. 남들은 관심이 없어도 당신은 당신을 챙겨야 한다.

더 어릴 때 알았다면 좋았을 것들

1. 건강은 건강할 때 지키는 거다.

2. 세상 그 어디에도 당연한 것은 없다.

3. 영원할 줄 알았던 것 중에 영원한 것은 하나도 없다.

4. 내 마음을 우선으로 생각하는 게 이기적인 게 아니다.

5. 모든 사람에게 사랑받는 건 불가능에 가깝다.

6. 내가 나를 믿지 않고 지키지 않으면 남들도 나를 함부로 대한다.

7. 그 사람과 내 생각이 다른 건 어쩌면 당연한 일이다.

8. 실수와 실패는 두려운 게 아니라 배움과 성공의 과정이다.

9. 별일 없는 보통의 나날이 사실은 귀한 행복이다.

10. 시간이 약일 수는 있어도 모든 상처를 낫게 할 수는 없다.

흙탕물

마음이 흙탕물일 때가 있다. 온갖 것들이 뒤섞여 몹시 혼탁해진 상태. 그럴 때는 뭐라도 해 보려고 발버둥을 칠 게 아니라 불순물이 가라앉을 때까지 가만히 기다려야 한다. 자칫 잘못하다가는 괜히 더 흐려지기만 할 테니까. 조바심을 버리고 긴장을 풀자. 그저 가만히 두는 게 제일 나은 선택일 때도 있는 거다.

그런 내가 되었다

    전에는 아무리 슬퍼도 쉽사리 울지 못하는 사람에 대해 이해하는 것이 어려웠다. 그런데 이제는 좀 알 것 같다. 일반적인 슬픔과는 달리 어떤 우울은 넉넉히 쏟아 낼 수 있는 시간과 충분히 무너질 수 있는 공간이 필요했던 거였다. 안쓰럽게도 그때 그 사람의 마음에는 그런 감정을 감당할 여유와 여백이 턱없이 부족했던 거였고. 하지만 지금 나에게는 그때 그 사람, 정확히는 나 자신을 헤아리고 기다리며 보듬어 줄 여력이 생겼다. 이제는 그런 사람이 되었다. 지난 시간의 나를 꼭 안아 본다. 구태여 어떤 따뜻한 말을 덧붙이지 않더라도 지금 이토록 응원하고 있고 진심으로 괜찮아지기를 바라고 있다는 것을 마음으로 느낄 수 있게.

속이 말이 아니었겠다

 습관적으로 괜찮다고 말하며 손사래를 치고 웃어넘기는 사람의 미소를 신뢰하지 않는 편이다. 대개 마주한 힘듦을 소화해 내려고 그런 방법을 택하곤 하니까. 그래서 그냥 얼마든지 기다려 주고 싶다. 들고 있는 것을 남김없이 내려놓을 수 있을 때까지. 그리고 같이 울어 주고 싶다. 혼자가 아니라는 것을 느낄 수 있도록. 속앓이를 하며 엄청 힘들었겠다. 그 속이 말이 아니었겠고. 그동안 얼마나 고단했을까. 소중한 사람아. 이제는 좀 그만 힘들었으면 좋겠다.

사람이 어렵다

 지나고 보니 그랬다. 그냥 '저 사람은 그런가 보다', '신경 쓰는 걸 줄여야지' 하고 넘어가도 됐는데 굳이 '도대체 이해가 안 된다', '반드시 이해를 시켜야겠다'라며 관계를 쑥대밭으로 만들었던 적이 있다. 괜히 복잡하게 여길 게 없었는데. 뜻이 맞는 부분에서는 더 가까이 지내고, 다른 부분에서는 좀 거리를 두면 됐던 건데. 내 사람이라고 너무 몰입했나 보다. 그렇다고 해도 내 마음과 늘 같을 수 없다는 걸 알면서도. 이렇게 사람이 참 어렵다. 어려운 걸 알면서도 어렵다.

일종의 애정

알고 싶지만 참고 물어보지 않는 것도 일종의 애정이다. 개인적인 궁금증을 참지 못하고 바로 해소하려는 것보다 행여나 상대방의 상처가 덧나지는 않을까 조심스러운 우려가 우선이 되는 마음. 다정한 애정이란 그런 거다. 사소한 부분까지 티 내지 않고 세심히 신경 써 주는 노력. 그런 고즈넉한 태도가 가끔은 상대의 가장 깊은 곳까지 온기를 전달한다. 그래서 가슴이 따뜻한 사람은 이따금씩 말없이도 누군가의 하루를 살게 한다.

좋은 말도 과하면 오히려 독이 된다

힘들어도 본인이 제일 힘들고 속상해도 당사자가 제일 속상하다. 그래서 위로나 조언도 적당해야 한다. 좋은 뜻이라고 해도 무조건 좋은 게 아니다. 너무 지나치면 차라리 안 하느니만 못하게 된다. 어려운 상황에 부닥쳐 있는 사람에게는 진심도 조심스러워야 한다. 선의도 신중해야 한다. 그리고 어떨 때는 아무리 좋은 말보다 그냥 말없이 옆에 있어 주는 게 더 따뜻한 울림일 수 있다.

내 사람들

　언제 만났어도 좋아했을 것 같은 사람들이 있다. 외모, 행동, 생각, 말투까지 돌고 돌아도 결국 내 사람이 되었을 것 같은 그들. 그런 존재들을 지금 내 인연으로 두고 있으니 얼마나 복 받은 일인지. 참 감사하고 다행이다. 간절히 바라건대 다들 어디 한 군데라도 아프지 말고, 하는 일마다 잘 풀리고, 불행한 날보다 행복한 날이 훨씬 더 많았으면 좋겠다. 내 곁에서 오래도록 밝게 자리해 주기를. 나 역시 그 사람들 옆에서 잘 지내기를.

인연들에게

우연으로 시들어 버릴 수도 있었는데 운명으로 피어나 준 모든 인연들에게 세상에서 가장 따스한 사랑을 전하고 싶다. 곁에 머물러 주어서 진심으로 고맙다고. 서로 아끼는 마음을 품에 꼭 안고 오래오래 많은 것들을 공유하며 여생을 보내자고. 당신들은 내 사랑이자 자랑이라고. 하는 일마다 모두 잘되고 바라던 것들도 전부 다 이루었으면 좋겠다고. 그리고 늘 건강하고 무탈하기를 바란다고.

서로 좋으면 됐지

왜 그런 거 있잖아. 막 이야기를 나누다가 "그게 도대체 무슨 말이야" 하면서 깔깔 웃게 되는 거. 그런 대화가 되는 사이가 좋더라. 그냥, 편하고 애틋하고 좋잖아. 사람이 사람을 좋아하는데 이만한 이유가 또 있나. 우리 마음 맞는 사람끼리 마음껏 사랑하며 살자. 모양이나 색깔이 뭐가 중요해. 서로 좋으면 됐지. 서로 재밌으면 됐지.

지금 이 기분

　휴일에는 소중한 내 사람들과 함께하는 것을 가장 선호한다. 같이 맛있는 음식을 나누어 먹고, 즐겁게 이야기꽃을 피우다 보면 평범히 지나갈 수 있는 순간도 특별한 기억으로 남겨지는데, 그런 시간이 무엇보다 소중하고 보람차다. 세월이 흘러도 쉬이 빛바래지 않을 추억들이 차곡차곡 쌓이는 기분에 마음이 든든해진다. 그런 시간 속에서 나는 비로소 진정한 행복과 안식을 느낀다. 지금 이 기분 오래도록 간직하고 싶다.

말을 예쁘게 하는 사람

　말을 되게 다채롭게 사용하는 사람의 대화를 옆에서 듣고 있으면 마음이 참 몽글몽글해진다. 음, 그러니까 근심과 걱정이 살지 못하는 형형색색의 꽃밭에 누워서 폭신폭신한 구름을 바라보는 기분이다. 그런 단어와 표현을 고르기까지 그 사람은 어떤 길을 지나왔을까. 같이 한번 걸어 보고 싶어진다. 역시 말을 예쁘게 하는 사람은 미워하려야 미워할 수 없다.

다정한 사람

　다정한 사람을 곁에 두어야 한다. 뭐랄까, 길가에 삐쭉 튀어나온 데이지 한 송이도 사랑할 줄 아는 사람을. 짧은 말 한마디에도 상냥함과 자상함이 묻어나고 작은 행동 하나에도 섬세함과 세심함이 드러나는 사람을. 그런 사람이 지닌 선한 영향력은 주변 사람들의 마음마저 포근하게 만들고 구석까지 햇살을 들인다.

15번

하루에 15번 정도 포옹을 하면 우리가 겪는 대부분의 정신적인 어려움을 완화하는 데 도움이 된다고 한다. 스트레스를 줄이고, 면역력을 높이며, 불안과 우울을 가라앉히는 데도 탁월한 효과가 있다고 하니 사랑하는 사람들을 포근히 껴안아 주자. 그리고 하루의 끝에서는 고생한 나 자신도 다감하게 안아 주자. 포옹은 서로가 서로에게 그리고 내가 나에게 정겨운 위로를 선물하는 일이다.

하루하루 최선을 다해서

   사람의 세포는 날마다 죽고 태어나기를 반복하고, 성격이나 성향도 살아가면서 몇 번이고 달라진다. 그래서 몇 년 전의 '나'와 지금의 '나'는 다를 수밖에 없다. 주변 사람과 환경도 역시 예외는 아니다. 세상에 영구적인 것은 없고 모든 것은 어떻게든 변한다. 그러니 하루하루 최선을 다해 살아가자. 영원하지 않기에 더욱 찬란한 당신과 당신이 사랑하는 이들을 위해. 흘러간 시간을 되돌릴 수는 없지만 그 흐름 속으로 기꺼이 뛰어들어 아름다운 추억을 만들어 가는 선택과 결정은 언제나 당신의 마음 안에 있다.

모든 것은 생각하기 나름

　결국 모든 것은 생각하기 나름이다. 단순한 일을 복잡하게 생각하면 얼마든지 복잡해지고, 복잡한 일을 단순하게 생각하면 얼마든지 단순해진다. 상황을 어떻게 이끌어 나갈지는 당신의 마음가짐에 달려 있다. 그러니까 너무 부정적으로만 여기지 않았으면 좋겠다고. 실수할 수도 있고 잘못할 수도 있는 거다. 이 모든 것은 당신의 인생에서 벌어지고 있는 장면이고 이 신(scene)에서 주연은 으레 당신이니까 자신감을 더 가져도 된다고. 그리고 '모든 힘듦과 어려움은 다행히 지나간다'라는 이 삶의 줄거리를 깜빡하지 말 것.

삶이 늘 고속도로일 수는 없으니까

'시야각'이라는 게 있다. 우리가 눈으로 볼 수 있는 범위를 뜻하는데 이 각도는 속력에 따라 큰 차이를 보인다. 예를 들어 운전할 때 일반적인 운전자가 시속 40km에서 인지할 수 있는 시야각은 100°이다. 하지만 반대로 시속 100km에서의 시야각은 40°로 줄어든다. 인생도 크게 다르지 않다. 물론 명확한 목표를 향해서 분주하게 나아가는 것도 멋진 일이지만 인생을 살아 내는 게 항상 고속도로를 달리는 일은 아니다. 가끔은 속력을 줄이고 과열된 몸과 마음에 휴식을 선물할 수 있기를. 더 넓은 시야로 더 많은 것들을 경험하며 살아갈 수 있기를.

터널을 지나가는 중

터널을 생각해 보자. 그 안을 지나가는 동안에는 화창한 하늘을 보기가 어렵다. 하지만 마침내 그곳에서 벗어나면 맑은 하늘은 물론이고 차창 너머로 스치는 아름다운 풍경까지 마음에 담을 수 있다. 불행도 이와 같다. 요즘 암울한 시간을 보내고 있다면 지금은 그저 불행이라는 터널을 통과하는 중이라고 생각하자. 세상에는 그저 흘려보내야만 괜찮아지는 일도 있다. 아무리 좋은 말을 보고 들어도 그냥 그 시기가 지나야만 비로소 나아지는 상황이 있다. 그러니 스스로가 안전히 터널에서 빠져나올 때까지 그저 응원하며 기다려 주자.

작은 평화

여전히 한참 미숙하지만 부질없는 감정으로부터 자유로워지는 연습을 하고 있다. 지극히 사사로운 마음이 타인을 향한 미움으로 번지지 않기를 바라며 스스로를 다독이고 중심을 잃지 않으려고 애쓰는 중이다. 지금의 흔들림은 나를 견고히 빚어내는 과정임을 믿어 의심치 않으며 나날이 작은 평화를 나지막이 쌓아 가고 있다.

여우비

여우비라는 게 있다. 하늘이 맑은데도 잠시 스쳐 가는 비를 말한다. 마치 비와 햇살이 서로 약속이라도 한 듯 동시에 내려앉는다. 이런 날에는 무지개가 뜨기 쉽다고 한다. 하늘을 미처 다 덮지 못한 얇은 구름 사이로 햇빛이 비스듬히 스며들고, 그 빛이 떨어지는 빗방울에 반사되면서 무지개가 피어오를 수 있는 좋은 조건이 자연스럽게 만들어지는 거다. 그런데 문득 이런 여우비가 우리네 삶에 불현듯 찾아오는 시련과도 제법 닮아 있다는 생각이 들었다. 살다 보면 그럭저럭 흘러가던 하루에도 갑작스레 들이닥쳐 마음을 흐트러뜨리는 일이 생긴다. 그럴 때는 잠시 비를 피하듯 감정에 휘둘리지 말고 일단 몇 발짝 물러서는 편이 낫다. '어차피 조만간 다 지나갈 일이야'라고 생각하면서 말이다. 그러고 나면 칠색 무지개처럼 뜻밖의 좋은 일이 어느새 곁에 와 있을지도 모른다. 사는 게 그렇다.

행복의 전조 증상

1. 수용: 상황을 지혜롭게 받아들일 수 있게 된다.

2. 변화: 작은 움직임이 쌓여 큰 결과를 만들어 낸다.

3. 긍정: 밝은 마음이 잠재된 힘을 이끌어 낸다.

4. 안정: 불안함이 가시고 평온함을 되찾게 된다.

5. 감사: 작은 것에도 고마움을 느낄 수 있게 된다.

6. 여유: 지난날을 돌아보고 주변을 둘러볼 여력이 생긴다.

7. 믿음: 자존감이 상승하고 자신감이 솟구친다.

8. 직감: 좋은 일이 일어날 것만 같은 느낌을 받는다.

9. 기회: 여기저기서 크고 작은 기회들이 찾아오기 시작한다.

10. 연결: 좋은 인연이 생기고 인간관계가 더욱 따뜻해진다.

기대할 만한 일을 만들자

아주 작은 일이라도 좋으니 나날이 기대할 수 있는 무언가가 있어야 한다. 그러지 않으면 하루가 늘어지거나 무너지기 쉬우니까. '오늘은 그럭저럭 별일이 없기를 바라야지', '내일은 날씨가 맑고 시원했으면 좋겠다', '모레에는 퇴근하고 친구랑 즐거운 쇼핑을 해야지', '이번 주에는 사랑하는 사람이랑 맛있는 음식을 먹고 근사한 카페를 가야겠다', '이번 달에는 체중 감량에 꼭 성공해야지', '올해에는 아껴 둔 휴가를 써서 해외여행을 다녀와야지'처럼 말이다. 마음에 기다리는 일을 하나쯤은 품고 있기로 하자. 그래야 힘든 날도 또 기운을 내서 살아 내지.

점점 더 잘 풀리는 사람의 특징

1. 긍정적인 마음가짐을 가지고 있다.

2. 새로운 것을 배우는 데 거부감이 없다.

3. 목표를 세우고 차근차근 실행에 옮긴다.

4. 부족함을 인정하고 보완하려고 노력한다.

5. 시간을 허투루 낭비하지 않는다.

6. 위기를 기회로 삼을 줄 안다.

7. 사람들과 원만한 사이를 유지한다.

8. 건강한 몸과 마음을 위해 꾸준히 관리한다.

9. 작은 것에도 감사함을 느낀다.

10. 꾸준함의 힘을 믿고 더 나은 내일을 그린다.

이미 눈부시게 빛나는 사람이지만

 살다 보면 그럴 수도 있는 거다. 안 되면 어쩔 수 없는 거고. 어쩌면 오히려 좋을 수도 있는 거다. 일일이 연연하지 말자. 행여나 당신의 노력을 세상이 알아주지 않는다고 해도 어차피 알 사람들은 다 안다. 당신이 얼마나 애썼는지 그리고 얼마나 대단한 사람인지. 그러니 부디, 스스로를 함부로 깎아내리지 않기를 바란다. 버텨 온 지난날들을 믿어 보자. 사는 게 늘 좋은 일만 생기진 않겠지만 분명 행복한 일이 더 많을 거다. 이미 눈부시지만, 훨씬 더 빛나는 사람이 되기를.

세상이 보낸 시그널

 문득 세상이 시그널을 보내올 때가 있다. 일과를 마무리하고 집으로 돌아가려는데 문을 열고 나오자마자 가로등 불빛이 딱 맞춰 켜질 때, 길을 걷다가 무심코 올려다본 하늘에 유난히 예쁜 노을이 펼쳐져 있을 때, 우연히 유튜브 알고리즘에 이끌려 마음에 선물 같은 울림과 위로를 받게 될 때. 마치 '오늘 아주 고생 많았다고, 요즘 정말 애쓰고 있는 거 안다고, 힘든 시기를 보내고 있지만 부디 무너지지 말아 달라고, 누가 뭐라고 해도 진심으로 잘하고 있다고.'라며 말해 주는 것만 같다. 기운 내야지. 세상이 이토록 내 편을 들며 응원하고 있는데.

그만하면 됐다

쉬지 않고 달려온 당신, 당분간은 뭘 더 하려고 하지 않아도 된다. 여기까지 온 것만으로도 정말 대단한 당신이니까. 지금 모습 그대로 충분히 괜찮다. 진심으로 고생했다. 혹여나 그동안의 노력이 무색할 정도로 세상이 매정하게 굴더라도 당신의 마음에는 조금의 흠도 생기지 않았으면 좋겠다. 걱정을 덜어 내고 남은 시간 잘 마무리하기를. 분명 훨씬 더 좋은 일들이 당신을 줄 서서 기다리고 있을 테다. 수고한 자신에게 열렬한 격려와 응원을 보내 주자.

당신과 당신의 소중한 사람들에게 일어날 일들

예상 적중, 시험 합격, 입학 확정, 과정 수료, 만기 전역, 학위 취득, 직장 입사, 승진 결정, 면접 통과, 이직 성공, 연봉 인상, 계약 성사, 최고 매출, 완판 행진, 대출 완납, 목돈 장만, 투자 성과, 수익 실현, 재정 안정, 기대 부응, 건강 회복, 완치 판정, 체중 감량, 근육 증가, 부상 복귀, 주전 선발, 대회 우승, 대상 수상, 자차 구매, 연애 시작, 결혼 서약, 자녀 출산, 자가 마련, 집값 상승, 지원 확대, 금리 인하, 관계 개선, 가정 화목, 로또 당첨, 습관 개선, 금주 금연, 불안 해소, 우울 극복, 행운 행복 등등.

과일처럼

　행복을 과일이라고 생각해 보자. 너무 설익거나 농익으면 맛이 없다. 행복도 똑같다. 다 때가 있는 거다. 그리고 그렇게나 애타게 기다리고 있는 당신의 행복은 지금 시기에 맞게 잘 영글고 있다. 마음 편히 가지라는 말이다. 정말 그래도 되니까.

1/4 영원

사실 그동안 행복은 엄청 특별한 것만 해당한다고 생각했는데 그 생각이 틀렸던 것 같다. 그저 보통의 하루를 순간순간 즐겁게 잘 지내는 것. 돌아보니 그 모든 찰나가 행복이었다. 사계절을 반복하면 그게 영원이다. 1/4 영원씩 좋은 일을 만들자. 그럼 평생 행복할 수 있다. 특별하지 않아도 괜찮다는 마음이 실은 얼마나 특별한 마음인지 깨닫게 될 때 비로소 더 많은 걸 내려놓을 수 있고 더 많은 걸 끌어안을 수 있게 되더라.

제일 행복한 우주 먼지가 될 것

마음이 혼란스러울 때는 멍하니 우주 관련 영상을 찾아보곤 한다. 창백한 푸른 점. 60억km 떨어진 거리에서 본 지구의 모습은 티끌과도 같다. 그런 모습을 한참 보다 보면 평소에 혼자 끙끙 앓던 망설임, 고민, 혼동, 의심, 불신, 염려, 우려, 걱정, 불안, 초조, 긴장, 불확실, 심란, 혼란, 근심, 힘듦, 낙담, 벅참, 버거움, 좌절, 힘겨움, 어려움, 괴로움, 절망, 고통, 고독, 두려움, 슬픔, 허탈, 우울, 불편, 반감, 불만, 분노 등이 얼마나 작은 것들인지 새삼 깨닫게 된다. 세상을 살아 내는 게 순조롭지 않을 때는 이렇게 생각하자. '무슨 일이 일어나더라도 그래 봤자 지구 안이고 우리는 우주 먼지야'라고.

잘 잤으면 하는 마음

 사랑은 잘 잤으면 하는 마음이다. 살아 내는 게 쉽지 않은 것은 부정할 수 없는 사실이므로 고된 하루의 끝에서 과히 불안해하거나 우울해하지 않고서 깊은 잠에 빠졌으면 하는 바람이다. 그렇게 또 내일을 살아갈 힘을 얻었으면 하는 소망이다. 그러니까 내 말은 자려고 누웠을 때 마음에 걸리는 게 없었으면 좋겠다고. 부디 나쁜 꿈을 꾸지 않고 잘 자기를 바란다고.

사랑한다는 말의 다른 표현들

1. 오늘 하루는 어땠어?

2. 밥은 잘 챙겨 먹었어?

3. 어디 아픈 곳은 없어?

4. 이거 보니까 네 생각이 나더라.

5. 네가 좋아할 것 같아서 챙겼어.

6. 네가 웃는 모습을 보면 기분이 좋아.

7. 네가 힘들지 않았으면 좋겠어.

8. 필요한 거 있으면 언제든지 말해 줘.

9. 언제나 네 편이야.

10. 오늘도 수고 많았어.

한강 위의 윤슬처럼

  사는 게 뜻대로만 된다면 얼마나 좋을까. 되짚어 보기도 버거운 시간을 근근이 견뎠을 텐데 그런 당신을 품 안 가득히 안아 주고 싶다. 무엇보다 나는 진심으로 당신이 잘 이겨 내고 끝내 잘됐으면 좋겠다. 마치 날씨가 화창한 날, 정오쯤 한강 위의 윤슬처럼 영롱하게 빛나기를. 때로는 자기 자신과 다툴 때도 있겠지만 그럴수록 누구보다 스스로를 응원해 주자. 뜻대로 되지 않는 일들이 제법 많더라도 지나온 시간들의 힘을 믿어 보자. 그러다 보면 모든 일은 어느새 좋은 방향으로 흘러가고 있을 거다. 그러니 자신을 의심하거나 나무라지 않기를. 세상에서 제일 소중한 이름아, 오늘도 이렇게 열심히 존재해 주어서 너무 고맙다.

어긋났던 일들은 시나브로 제자리를 찾아갈 거고 울렁이던 마음 또한 차차 나아질 테니 오늘만큼은 이만 걱정을 내려놓고 고단했던 몸과 마음을 푹 쉬게 하자. 살아 내느라 무척이나 애썼다.

데칼코마니

사랑하면 닮는다. 아주 사소한 것까지 서로 비슷해진다. 그래서 진심으로 기쁘다. 나에게 그 사람의 모습이 있고 그 사람에게도 나의 흔적이 묻어 있어서. 그런 당신을 빤히 바라보고 있으면 가슴이 참 설렌다. 이럴 때 쓰는 말인가. '보고만 있어도 행복하다'라는 말이. 나는 오늘도 아무런 저항 없이 사랑하고 있다. 그리고 그 사람이 당신이라서 참 고맙고 다행이다. 우리, 오래도록 함께하기를.

행복도 습관이 될 수 있게

감정도 오래도록 붙들고 있으면 버릇처럼 물든다. 어둡고 차가운 것들을 비워 내자. 그러고서 밝고 따뜻한 것들로 가득 채워 넣자. 내 몸과 마음이 무심코 한 일도 행복일 수 있게. 빈번히 잘 지낼 수 있게.

좋은 밤 좋은 꿈

  물론 자려고 누웠을 때 마음에 걸리는 것이 하나도 없다면 더없이 좋겠지만, 그래도 이왕이면 거기에 더해서 마음 깊은 곳까지 설레고 포근한 것들이 함께할 수 있었으면 더욱 좋겠다. 음, 당신이 보통의 행복보다 훨씬 더 특별한 행복 안에서 푹 쉴 수 있기를 바라는 진심이랄까. 부디 당신의 마음에는 조금의 슬픔조차 스며들 틈이 없기를.

이제는 웬만큼 다 안다

　이제 이 힘든 세상을 살아 내는 방법들은 웬만큼 다 안다. 중요한 건 '이것저것 얼마나 많이 알고 있는지'가 아니라 '그것들을 일상에서 잘 녹여 낼 수 있는지'이다. 겉으로 보기에는 아무리 그럴듯해 보여도 정작 내실이 없으면 또다시 무너지는 건 시간문제다. 급할 것 없다. 하나씩, 천천히 삶에 적용해 가며 마주한 어려움을 잘 이겨 내 보자.

쉽지는 않겠지만 그래도

모든 일이 늘 잘될 거라고 말해 주고 싶은데 사실 사는 게 매번 그렇지는 않을 거다. 하지만 한 가지 확신할 수 있는 게 있다. 당신은 부단히 더 나은 사람이 되고 있다는 것. 그러니 자신감을 가졌으면 좋겠다. 조금은 진부하게 들릴 수도 있겠지만 여실히 잘 해냈고, 잘 해내고 있고, 잘 해낼 것이다. 그리고 언젠가 이토록 엉망이던 시절을 돌아봤을 때 '아, 그때는 참 많이도 아팠지만 그만큼 마음이 자랐던 시간이었다'라고 기억될 수 있기를. 무던히도 아끼는 당신의 건투를 빈다.

고생 많았다

정말 고생 많았다. 소중한 당신. 지난날의 모든 선택을 진심으로 응원하는 마음이다. 훨씬 더 좋은 날이 올 거다. 어김없이 그렇게 정해져 있다. 머지않아 찾아올 당신의 행복을 미리 축하한다.

에필로그

함부로 행복할 것

유감스럽지만, 앞으로 당신은 다가올 시간 속에서 얼마든지 엉망이 될 것이다. 게다가 운까지 따라 주지 않아서 아주 엉망진창인 날도 마주하게 될 테고, 때때로 모든 것이 뒤엉키는 바람에 만신창이가 된 채 스스로를 별 볼 일 없는 사람처럼 느낄 수도 있다.

그러나 잊지 말자. 지금껏 수많은 날들을 비틀거리면서도 끝내 지나왔다는 사실을. 당신은 이미 몇 번이고 무너졌다가 또 몇 번이고 다시 일어난 사람이다. 그러니 이번에도 조금은 낯설고 서툴겠지만 어떻게든 다시 나아갈 것이다. 그게 바로 당신이었고, 당신일 테니까.

물론 힘든 내색을 전혀 하지 말라는 게 아니다. 얼마든지 약한 모습을 보여도 된다. 꽈당 넘어져도 좋고, 펑펑 울어도 좋고, 털썩 주저앉아도 좋다. 다만 스스로를 비하하거나 비난하거나 자책하는 건 지양하자. 그건 열심히 살아 보려는 자신에게 너무나도 가혹하니까.

당신은 결국 잘 이겨 낼 사람이다. 지금은 반신반의하겠지만 그렇게 될 수밖에 없는 사람이다. 우리 희망을 마다하지 말자. 돌 틈 사이에서도 피어나는 꽃이 있는 것처럼 지금 좀 엉망이더라도 좋은 날은 기어코 찾아올 거다.

우여곡절 끝에 가까스로 살아 낸 날들이 당신의 입가에 함박웃음을 선사해 줄 수 있기를. 마침내 당신이 함부로 행복할 수 있었으면 좋겠다.

가끔 살아 내는 게 엉망이어도 괜찮아

초판 발행	2025년 5월 2일
5쇄 발행	2025년 11월 12일

글	윤글
표지	유수빈(@ssu_binne)
발행인	신하영 이현중
펴낸곳	Deep&Wide

편집	신하영 이현중
디자인	이현중 김철
도서기획	신하영 이현중 김철 윤석표
마케팅	신하영 이현중 김철 윤석표

주소	서울특별시 마포구 양화로3길 55 어반오아시스 301호
이메일	deepwidethink@naver.com
ISBN	979-11-91369-65-6

ⓒ 윤글, 2025

파본은 구입하신 서점에서 교환해 드립니다.
이 책은 저작권법에 의하여 보호받는 저작물이므로 무단 전재와 복제를 금합니다.
이 책의 내용의 전부 또는 일부를 이용하려면 반드시 저작권자와 딥앤와이드의 동의를 받아야 합니다.

딥앤와이드는 책에 관한 아이디어나 조언 그리고 원고 투고를 언제나 기다리고 있습니다.
deepwidethink@naver.com으로 당신의 아이디어를 보내주시고 출간의 꿈을 이루어보시길 바랍니다.
당신도 멋진 작가가 될 수 있습니다.